4차 산업혁명의 파괴적 혁신과 성경적 이해

저자 _ 최정길

목차 ●○○

2장 전 지구적 격변의 시대

3장 4차 산업혁명과 적 그리스도의 시대

프롤로그

○

○

●

　인류가 지금까지 경험해 보지 못했던 4차 산업혁명의 새로운 시대가 첨단 ICT 기술의 융합을 중심으로 다가오고 있다.

　4차 산업혁명을 한마디로 정의한다면 지능화와 초연결 시대이다. 인공 지능이 고도로 발달하여 기계가 인간의 지능을 뛰어넘고 온 세상이 사물 인터넷과 초고속 인터넷으로 어디서나 연결되고 통제되는 시대이다.

　지능화와 초연결은 사회 구석구석을 스마트한 세상으로 변화시켜 나갈 것이 확실하다.

　공장은 지능형 로봇들에 의해 점차 무인화로 가동되고 도로 위에서는 무인 전기 자동차들이 다니며 집에서는 인공 지능 로봇과 네트워킹 시스템이 집주인의 특성을 학습하여 집안 환경을 항상 최적으로 유지해 줄 것이다.

　택배 로봇들이 가가호호 방문하며 택배 배달을 해 주고 인공 지능이 외국어를 완벽하게 통·번역을 해 주며 심지어 소설을 인간 대신 집필하는 것이 가능하다.

　메타버스 세상에서는 백설 공주처럼 가상 공간에서 내가 꿈꾸던 제2의 인생을 마음껏 즐길 수 있고 가상 공간에서 백화점이나 마트에 들어가면 인공 지능 점원이 안내하고 상품을 고르면 택배로 집까지 배달해 준다.

심지어는 교회 예배도 직접 교회에 나오지 않고 모든 신자가 가상 공간에서 함께 예배를 드리며 아프리카인과 아시아인이 가상 공간에서 시공간을 초월하여 함께 예배를 드릴 수 있다.

더 이상 은행을 통하지 않고 블록체인의 가상화폐로 물건을 사고 파는 세상도 급격히 다가오며 달러의 기축 통화 시대도 저물어 갈 것이다.

이러한 현상들은 미래 언젠가에 일어날 일들이 아니고 이미 세상에서 일어나기 시작하고 있고 향후 10년 내에 어디서나 경험할 수 있는 일상이 될 것이 분명하다.

이러한 사회, 경제 시스템과 생산 및 산업 시스템의 대변환으로 우리는 지금까지 경험하지 못했던 새로운 체제로 진입해 들어가고 있다.

특히 인공 지능이 거의 모든 단순 업무로부터 시작하여 점차 고도의 지식을 요구하는 전문 분야까지 탁월한 능력으로 대체해 가고 있고 현장에서 인간을 대신하여 지능형 로봇들이 숙련된 경험을 요구하는 영역까지 대신해 감에 따라 노동 시장의 지각 변동이 일어날 것으로 예상된다.

교육, 경제, 생산, 산업, 복지 등 전반적인 사회 모든 분야의 재설계가 요구되고 있는 것이다.

또 다른 세상을 생각해 보자. 지난 100여 년간 산업혁명으로 인한 과도한 일산화탄소의 방출로 온실가스를 유발하게 되었고 지구 온난화는 지구 평균 온도의 상승과 해수면의 상승, 빙하의 감소, 바닷물의 산성화와 이상 기온의 발생 등을 가져왔고 더 이상 인류가 살기 어려운 환경으로 지구 환경이 급속히 악화되어 가고 있다.

또한 인류의 탐욕으로 인한 자원 오·남용에서 비롯된 지구 자원의 고갈과 환경 오염 및 선진국과 후진국의 빈부 격차와 기아와 식량 위기 그리고 끊임없는 민족과 민족, 나라와 나라의 전쟁과 갈등은 힘없는 나라들과 백성을 더욱 고통 속으로 몰아넣고 있다.

러시아의 우크라이나 침략으로 석유와 천연가스 및 밀가루와 니켈 등이 러시아로부터 수출 통제가 되면서 지구상 모든 나라의 기름값 상승과 곡물류 등 식량 위기와 원재료값 상승을 야기하고 이는 곧 물가 급등의 인플레로 이어져서 많은 나라의 경제적 숨통을 죄고 있다. 이러한 현상은 이제 지구상의 모든 나라가 서로 연결되어 지구 끝 한쪽에서 일어나는 일이 반대편 국가에도 심각한 문제를 야기할 수 있음을 말해 주고 있다. 과거와 달리 지구는 더욱 하나로 세계화되어 가고 있다.

현재 인류는 78억 명으로 태초부터 지금까지 모든 인류를 합한 수보다 더 많아서 인류 폭발의 시대가 되고 있다.

미국의 전기 자동차 CEO인 일론 머스크는 스페이스엑스 (Space-X) 사업으로 유인 우주선을 화성으로 보내어 그곳에서 인류가 죽어 가는 지구를 떠나 새로운 삶을 살아가기 위한 새로운 정착지를 건설하는 목표를 세워 추진하고 있다. 과연 이러한 계획이 실현될 수 있을까?

분명한 것은 지금 이 시대는 모든 사람이 마음속에 인류의 마지막 때가 가까이 와서 인류 멸망이 곧 닥칠 수 있다는 위기의식을 갖고 있다는 것이다. 수많은 SF 영화를 보면 그런 의식들이 잘 나타나 있음을 볼 수 있다.

4차 산업혁명은 인류의 과학 기술이 꽃을 피우는 최고의 시대라고 할 수 있다. 그러나 이러한 시대가 만일 인간이 하나님 없이도 모든 것을 할 수 있다는 불신과 교만함 속에 하나님 없이 추진되는 삶이라면 그 결과는 오히려 하나님을 대적하는 것이 될 것이다. 인류가 지능화, 초연결로 하나로 연합되면서 그 중심에 하나님이 거하실 공간이 없다면 그 결과는 어떻게 될까?

창세기의 바벨탑은 나름대로 그 시대의 기술이 발달했음을 보여주며 그때 인류는 힘을 합쳐 탑을 쌓아 올려 자신들의 이름을 높이 드러내어 하나님의 영광과 견주려고 하였다.

지금도 그때나 다름이 없이 인류는 인본주의의 기치를 높이 들고 하나님의 영광과 견주려는 마음을 가지고 있다. 그때는 하나님이 말을 혼잡하게 하여 인류를 흩으셨지만 지금은 오히려 인터넷과 인공지능으로 어디서나 소통이 가능한 통합의 시대로 나아가고 있다.

하나님께서는 이 4차 산업혁명의 시대를 어떻게 바라보고 계실까? 인본주의가 지배하는 이 세상은 영적인 밤이 더욱 깊어 가고 마지막 때를 향해 빠르게 나가는 것이 아닐까?

예수님도 마지막 때가 언제 올지는 본인도 천사들도 모르고 오직 하나님 아버지만이 아신다고 하셨다. 그러니 우리도 당연히 마지막 때가 어떻게 찾아올지는 구체적으로 알 수는 없다. 다만 말씀을 통해 추측할 수 있을 뿐이다.

그러나 밤이 깊어 갈수록 새벽이 가까워져 옴을 직감적으로 알 수 있듯이 지금은 마지막 때를 향해서 나아가고 있으며 급류 속에 떠내려가는 뗏목이 절벽에 가까이 올수록 물살이 더욱 빨라지듯이 지금은 그 물살이 더욱 빨라져 가고 있는 시대를 살아가고 있다.

해안가 갯벌에서 조개를 잡는 것에 심취하다가 물이 들어오는 것을 모르고 있으면 순식간에 밀물이 들어와 고립되고 사고를 당하는 일이 종종 있다. 물이 들어올 때 '충분히 피할 시간이 있겠지.' 하고 여유 있게 생각하지만 밀물은 생각보다 그 속도가 빨라서 어느새 물속에 잠기는 일이 일어나는 것이다. 그래서 밀물의 징조가 보이면 신속하게 대피하는 것이 현명하다.

마찬가지로 앞으로 다가올 미래를 알고 대비하는 것은 무관심 속에서 살다가 도적과 같이 그 시대가 찾아오는 것을 무방비 상태에서 맞이하는 것과는 비교할 수가 없다.

임신부가 언제 아기를 낳을지는 알 수 없지만 배가 불러 오면 미리 준비할 수 있는 것같이 4차 산업혁명이 인류의 마지막 때를 예비하는 것임을 분별하고 이 시대에 깨어 준비하는 영적 능력을 갖추게 하고자 하는 것이 이 책의 집필 목적이다.

이 책을 집필하면서 필자가 그동안 필드에서 경험하고 연구해 왔던 지식을 바탕으로 기술하였다. 또한 독자들이 전체 숲을 볼 수 있는 통찰력을 가질 수 있도록 이해하기 쉽게 쓰려고 노력하였다.

전반부에서는 4차 산업혁명을 기반으로 하는 과학 기술의 눈부신 발달이 온 세상을 지능화하고 초연결된 스마트한 사회로 이끌고 있으며 이러한 사회가 무엇을 의미하는지 상세하게 기술하였다.

후반부에서는 앞으로 세계는 인간 중심의 유토피아를 건설하려는 인본주의적이고 과학만능주의적인 가치관이 점차 팽배하게 되며 초고속 인터넷의 영향력으로 도덕적 타락이 가속화되는 가운데 영적으로 극심한 암흑의 시대가 올 것임을 예견하였다.

그리고 이 암흑의 시대를 말씀으로 분별하고 믿음과 진리 위에 굳게 서서 어떻게 이 세상을 대적하고 다시 오실 주님을 예비해야 할 지를 말하고자 하였다.

4차 산업혁명 시대의 흐름을 정확하게 분별하고 신앙과 연계시킬 수 있는 지혜를 제시하는 것이 결코 쉬운 일이 아니고 또한 매우 조심스러운 일이다.

그러나 필자가 46년간 신앙생활을 하며 직장에서는 연구자로 교회에서는 학생들과 젊은 교사들을 가르치는 성경 교사로 그리고 가정을 믿음으로 세우려는 작은 소명 의식을 갖고 살아오면서 주님께서 시시때때로 말씀하시고 깨우쳐 주신 지식과 지혜를 바탕으로 이 책을 집필할 수 있었다.

만일 하나님께서 이러한 지식과 지혜를 지난날의 삶을 통해 인도해 주시지 않았다면 이 책의 집필이 불가능하였을 것이다. 주님께서 그동안 내적으로 축적되어 온 전공적인 식견과 신앙적인 분별력을 바탕으로 집필할 수 있는 마음을 주셨기에 가능한 것이다.

아무쪼록 이 책이 급변하는 변혁기를 살아가는 많은 그리스도인에게 시대를 분별하고 믿음으로 대응할 수 있는 통찰력을 제공할 수 있게 되기를 간곡한 마음으로 바란다.

1장
4차 산업혁명의 이해

01

1

4차 산업혁명의 의미

인류 역사에서 산업혁명에 대해 간단히 살펴보자.

1차 산업혁명은 증기 기관에 의한 철도와 선박의 출현으로 대표되며 2차 산업혁명은 에디슨과 테슬라에 의한 직류, 교류 전기의 발명과 함께 자동차의 발명 그리고 헨리 포드의 컨베이어 벨트에 의한 자동차 모델 T의 대량 생산으로 상징된다.

3차 산업혁명으로 인터넷 시대가 개막되며 컴퓨터 기반의 전산화, 자동화가 본격화되었다. 4차 산업혁명은 초고속 인터넷 통신과 더불어 모바일, 모빌리티 기반의 모든 사물이 지능화되고 초연결되는 시대이다.

인류 역사를 돌이켜 보면 로마 제국은 유럽 정벌 시 공병 부대를 앞세워 도로를 닦아 놓고 군인과 무기, 물자, 인력, 상품, 정보 등의 왕래를 원활히 함으로써 강력한 정벌의 수단으로 삼았다. 12~13세기 정복자 칭기즈 칸은 기마 부대를 앞세워 강력한 기동력으로 몽골과 유럽, 러시아를 정복하였다. 공통적인 것은 기동력이 세계 정벌의 원동력인 것이다.

1차 산업혁명으로 도시와 도시의 연결성이 강화되었고 2차 산업혁명으로 도심과 외곽 지역의 연결성이 강화되었다. 3차 산업혁명의 인터넷과 전산화로 공장 내 생산 라인과 사무실 그리고 사람과 사람, 장소와 장소의 연결성이 강화되었다.

4차 산업혁명 시대는 모든 곳에서 그리고 이동 중 또는 운전 중에도 어디서나 서로 초연결되는 시대가 되었다. 5G는 마치 1,000차선의 도로에서 자동차가 막힘없이 고속으로 주행하는 것처럼 지연 현상 없는 데이터 통신으로 초연결을 가능하게 한다.

〈 그림 1-1 도로의 시대적 변화와 산업혁명 〉

이같이 인류의 역사에서 연결성이 얼마나 큰 혁명적인 변화를 이루어 오는지 알 수 있다.

그림 1-2에 4차 산업혁명을 한눈에 볼 수 있는 개념도를 나무 구조로 나타내었다. 21세기에 들어 병렬 연산 기반 슈퍼컴퓨터의 눈부신 발전과 초전력, 고연산, 모바일 나노 반도체의 빠른 발전, 유·무형 거대 데이터의 쓰나미, 초고속 이동 통신의 보급과 리튬 이온 배터리의 상용화를 뿌리로 하여 4차 산업혁명의 시대가 열리게 되었다.

소프트웨어적 기술로는 방대한 소프트웨어와 데이터를 슈퍼컴퓨터에 저장하고 공동으로 활용하는 클라우드 컴퓨팅과 거대하고 연속성 있는 데이터를 분석하고 예측하는 빅 데이터 기술, 그리고 방대한 데이터 사이의 상관관계, 즉 패턴을 학습하여 인간과 같은 지능을 구현하는 인공 지능 기술이 크게 발전하게 되었다.

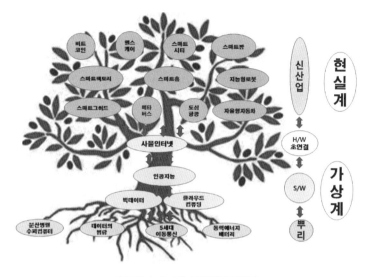

〈 그림 1-2 4차 산업혁명 트리 〉

 소프트웨어 기술을 근간으로 물리적 세계인 현실 세계에 각종 첨단적인 서비스를 제공하는 신산업들의 꽃을 피우는 4차 산업혁명이 만개하게 되었다. 이를 연결하는 역할을 하는 것이 각종 사물과 컴퓨터가 프로그램과 데이터 기반으로 통신하며 연결되는 사물 인터넷 기술이다. 사물 인터넷 기술을 기반으로 하는 현실 세계에서 자율 주행 자동차, 지능형 로봇, 메타버스, 스마트 홈, 스마트 팜, 스마트 팩토리 등 새로운 산업들이 빠르게 주류를 이루어 가며 4차 산업혁명 시대를 이끌어 가고 있다.

$$2$$

4차 산업혁명을
가능하게 하는 기술들

2-1 클라우드 컴퓨팅

(1) 클러스터 슈퍼컴의 등장

클러스터 슈퍼컴은 하나의 큰 계산 작업을 수십~수천 대의 서브 컴퓨터로 나누어서 실행하는데 메인 컴퓨터가 작업을 1/n로 분산하여 각각의 서브 컴퓨터로 전송하면 서브 컴퓨터들은 병렬로 각각 주어진 작업을 나누어서 처리하고 메인 컴퓨터로 회신하여 메인 컴퓨터가 최종 종합된 결과를 출력하는 Job 분산 병렬 방식이다.

하나의 차선만이 있는 도로에서 수백 대의 차가 밀리면 도로가 병목 현상으로 정체 현상이 일어날 수밖에 없다. 그러나 차선이 수십 개로 확장되면 병목 현상은 사라지고 차량 정체 현상은 해소될 것이다.

마찬가지로 클러스터 슈퍼컴도 비슷한 원리인 Job 분산 병렬 연산이 도입됨으로써 방대한 데이터 집단이라도 획기적으로 빠른 연산이 가능한 시대가 열리게 되었다.

예를 들어 1대의 컴퓨터로 1시간에 계산할 수 있다면 60개의 코어에 분산시켜 동시에 계산을 하면 1~2분 만에 완료할 수 있다.

또한 종래에 게임에 주로 활용되던 그래픽 전용 연산 프로세서인 GPU(Graphic Processing Unit)가 고속 컴퓨팅의 핵심 기능을 담당하면서 클러스터 슈퍼컴의 분산 병렬 방식은 더욱 가속화되게 되었다.

클러스터 슈퍼컴은 서브 컴퓨터들의 CPU, GPU들을 지속적으로 늘려 나갈 수 있으므로 연산 능력이 뛰어나고 데이터 저장 능력의 확장성과 저렴한 가격의 장점을 갖고 있다.

현재 세계 상위 500대 슈퍼컴의 연산 성능이 1페타플롭(PF)을 넘은 것으로 알려졌다. 1페타플롭은 1초당 1000조 회의 연산이 가능한 수준이다. 70억 명이 420년 걸리는 계산을 단 1시간 만에 끝낼 수 있는 속도이다.

〈 그림 2-1 클라우드 슈퍼컴퓨터 〉

20세기까지만 해도 큰 용량의 데이터들은 주로 중·대형 컴퓨터에 저장되었고 숫자나 글자로 기록된 정형화된 데이터들이 주류를 이루었다.

21세기에 들어서는 무선 정보 통신의 발달과 더불어 날마다 도처에서 실시간으로 쏟아져 나오는 비정형화된 글자, 음성, 신호 등 각종 모바일 데이터와 센싱 데이터를 저장해야 할 필요성이 높아져 감에 따라 기존 대형 컴퓨터의 개념으로는 이를 감당하기가 어려워졌다.

과거의 대형 컴퓨터는 저장 용량이 모자라게 되면 새로운 대형 컴퓨터가 추가로 필요하였으나 클러스터 슈퍼컴퓨터는 저장 용량이 모자라면 CPU/GPU 코어들을 순차적으로 증설하여 이를 해결할 수 있으므로 방대한 분량의 데이터나 소프트웨어들을 연속성 있게 수용할 수 있다.

또한 과거에는 일정한 공간 내에서 적은 숫자의 단말기만이 슈퍼컴을 중심으로 네트워킹이 되었지만 지금은 유·무선 인터넷으로 접속하여 수백만 명 이상이 동시에 어디에서든지 네트워킹이 될 수 있다.

우리는 도처에 작고 큰 용량의 클러스터 슈퍼컴이 운용되는 시대를 살고 있으며 이는 거대 ICT 업체들을 중심으로 점점 더 대형화되어 가고 있는 추세이다. 이러한 클러스터 슈퍼컴퓨터를 클라우드 컴퓨터(Cloud Computer)라 하며 여기서 수행되는 연산을 클라우드 컴퓨팅(Cloud Computing)이라고 한다.

클라우드 컴퓨팅은 4차 산업혁명 시대에 없어서는 안 될 컴퓨팅 인프라로 대두되었다. 클라우드 컴퓨터는 CPU와 GPU 코어의 비메모리 칩뿐만 아니라 데이터 저장을 위한 메모리 칩을 얼마든지 지속적으로 확장시켜 나갈 수 있으므로 아무리 방대한 데이터와 소프트웨어 프로그램이라도 쉽게 저장할 수 있다.

SNS나 센서를 통해 실시간 쏟아지는 스트리밍 데이터들은 개인이 소유하기는 어렵다. 또한 넘쳐 나는 각종 소프트웨어와 빅 데이터도 누가 제한된 공간에서 소유하기보다는 클라우드 컴퓨터에 저장하여 공유하는 것이 효과적이고 필연적이다.

클라우드는 말 그대로 구름 속에 가려져 드러나지 않는다는 의미이다. 즉, 모든 데이터와 응용 소프트웨어가 구름으로 가려져 보이지 않는 클러스터 슈퍼컴 내에 저장되어 있고 필요한 사람은 누구나 이를 공유할 수 있다는 의미를 가리킨다.

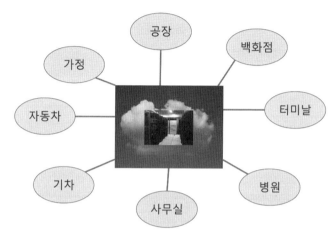

〈 그림 2-2 클라우드 슈퍼컴퓨팅 〉

과거에는 모든 소프트웨어와 빅 데이터를 개인이나 회사 단위로 소유하였으나 지금은 개인 소유보다는 공유를 하는 것이 상식이 되어 가고 있다. 클라우드 컴퓨팅이 대세가 되어 가는 시대이다.

특히 인공 지능 클라우드는 기존 글로벌 강자들의 패권 경쟁 속에 매우 빠른 속도로 발전해 가고 있으며 향후 인공 지능은 한 사회가 공유하는 거대한 인공두뇌로 발전하게 되어 인공두뇌를 담고 있는 것이 바로 거대한 클라우드 시스템이 될 것이다. 따라서 이를 먼저 보유하는 것이 4차 산업혁명의 승자가 될 것으로 예측된다.

(2) 클라우드 컴퓨팅 서비스의 분류

클라우드 컴퓨팅은 세부적으로 SaaS, PaaS, Iaas, 엣지 컴퓨팅으로 설명할 수 있다.

- SaaS(Software as a Service)

종래에는 소프트웨어를 라이선스 비용을 지불하고 개인이나 회사 등 구매자가 설치하여 제한적으로 사용해 왔다. SaaS는 이러한 방식에서 벗어나 클라우드 컴퓨터에 설치된 소프트웨어를 사용할 때마다 저렴한 비용을 지불하고 언제든지 누구나 공동으로 사용할 수 있는 개념이다. 마치 자동차나 고가 장비의 렌털과 유사한 개념이라 할 수 있다. 클라우드에 탑재된 소프트웨어들은 수십 명에서 수만 명이 동시에 클라우드 서버에 접속하여 사용이 가능하다.

개발자는 시장을 넓히고 수익도 보장되며 사용자는 적은 비용으로 손쉽게 사용할 수 있는 원원 전략에 부합된다. 서버 내에 커뮤니티를 구축하여 사용자들에 의해 제시되는 의견을 수시로 반영하여 사용자 친화적인 기술로 꾸준히 업데이트를 할 수 있다. 사용자의 층이 넓어짐에 따라 더욱 세분화된 영역으로 확장도 시도할 수 있다. 사용자는 가장 업데이트된 기술을 언제든지 이용할 수 있다.

클라우드는 공간의 제약을 극복하게 한다. 단말기만 있으면 언제 어디서나 특정 공간 안뿐만 아니라 이동 중에도 사이트에 접속하여 사용하는 것이 가능하다. 획득된 데이터들은 클라우드 서버 내에 일정한 저장 공간을 할당받아 저장하여 관리할 수 있다. 고가 프로그램의 경우 직접 구입할 필요 없이 저렴한 비용으로 필요할 때마다 사용할 수 있으므로 큰 비용의 투자 없이 기술 중심의 창업을 시도할 수도 있다.

- PaaS(Platform as a Service)

4차 산업혁명 시대에 오픈 소스(Open Source)의 개념이 중요시되고 있다. 과거에 나만의 지식과 기술을 특허로 보호하면서 독점의 권리를 누리던 것이 앞으로도 일정 부분은 지속되어 가겠지만 커다란 변화의 줄기는 소스 공개의 개념이다. 얼핏 생각해서 소스를 공개하면 개방하는 사람이 손해를 볼 것 같지만 사실은 그렇지 않다. 오픈을 하면 더 많은 사람이 관심을 갖게 되고 더 많은 아이디어를 서로 나눌 수가 있다. 집단 지성을 발휘할 수 있는 가능성이 커진다.

오픈 소스를 기반으로 하는 위키피디아 백과사전은 가장 신뢰성이 높고 많이 사용하는 것으로 정평이 나 있는 대표적인 사례이다.

오픈 소스 개념의 핵심 기반이 되는 것이 클라우드 기반의 플랫폼 서비스이다.

플랫폼은 수많은 사람이 자기 아이디어로 개발한 응용 소프트웨어를 올릴 수 있도록 운영자가 개발에 필요한 각종 API(Application Programming Interface)와 라이브러리(Library)를 플랫폼에서 지원한다. 윈도우, 앱스토어, 플레이스토어, 유튜브 등이 광의의 대표적인 플랫폼이다. 경쟁력 있는 상품은 많은 수요자와 연결되어 수익을 올리게 되고 경쟁력이 떨어지는 상품은 점차 소멸하게 된다. 가상 공간에서 무한 경쟁의 사이버 장터가 운영되는 가운데 소프트웨어의 질은 향상되고 활용 분야는 더욱 세분화되어 발전하게 된다.

빅 데이터도 클라우드에 저장되어 개방하면 누구나 검색 엔진과 데이터를 연계하여 빅 데이터 분석 서비스를 개발할 수가 있다. 유명한 빅 데이터 소프트웨어인 하둡(Hadoop) 플랫폼은 구글이 무료로 공개하였고 이후 야후에 의해 널리 보급되어 빅 데이터가 모든 분야에 파급이 되도록 하는 데 기폭제 역할을 하였다.

- IaaS(Infra as a Service)

클라우드 IaaS는 4차 산업혁명 시대의 범람하는 정형, 비정형 데이터들을 담을 수 있는 거대한 데이터 센터 인프라로 역할을 하고 있다. 수치 데이터, 고객 관리 데이터 등 정형화된 데이터뿐만 아니라 온라인 모든 공간에서 발생하는 대량의 비정형 데이터들을 저장하고 언제든지 인터넷으로 활용할 수 있는 데이터 서비스 인프라이다.

IoT에 의한 초연결 시대에 모든 사물이 토털 네트워킹되어 완전 자동화, 지능화되는 가운데 데이터의 획득과 이동, 분석은 그 어느 것보다 중요하다. 빅 데이터와 인공 지능은 데이터가 많아질수록 그 성능이 더욱 향상된다. 지능형 로봇과 자율 주행 자동차 그리고 스마트 팩토리, 메타버스 등 모든 신산업은 초고속 데이터 통신으로 연결되어 실시간 데이터 획득과 분석, 가공을 통해 네트워킹되고 운영된다. 한마디로 데이터를 중심으로 모든 것이 이루어지는 시대이다. 이러한 데이터들을 저장하고 끌어다 쓰는 것이 클라우드 IaaS이다.

이를 위한 막대한 컴퓨팅 파워가 필요한데 거대한 ICT 공룡들은 이를 선점하기 위해 치열한 경쟁을 펼치고 있다.

- 엣지 컴퓨팅(Edge Computing)

엣지 컴퓨팅은 모든 데이터를 클라우드로 보내서 분석하는 대신 사물에 가까운 여러 위치에 분산된 장비의 컴퓨팅 파워를 이용해서 중요한 데이터를 근거리에서 실시간 수집 및 분석, 처리하는 분산 수행 기술이다.

클라우드 서버가 아무리 연산과 데이터 저장 용량을 늘려 나간다 해도 4차 산업혁명 시대에 폭증하는 데이터를 감당하기에는 한계가 있다. 2025년에는 전 세계 데이터 총량이 현재보다 10배 늘어난 163제타바이트(ZB=1조 기가바이트)에 달할 것이 예측된다.

특히 5G 서비스의 상용화와 더불어 사물 인터넷(IoT)이 본격화되는 초연결 시대로 진입하면 도처에서 폭증하는 데이터를 클라우드만으로 감당하기에는 역부족인데 이를 효과적으로 처리할 수 있는 방법이 엣지 컴퓨팅이다.

대량의 데이터를 소스에서 가까운 곳에서 분석, 취합하고 정제해서 클라우드로 전송함으로써 데이터 전송량을 줄일 수 있고 데이터 병목 현상을 줄일 수 있다.

신속성을 요구하는 데이터 처리는 엣지에서 수행하고 정밀한 분석이 필요한 데이터는 클라우드로 전송함으로써 한꺼번에 처리하여 생기는 네트워크 과부하의 위험도 줄일 수 있다.

가장 대표적인 사례가 테슬라의 자율 주행이다. 거리에서 발생하는 무수한 교통 상황에 대한 인공 지능 학습은 수많은 도로상의 테슬라 자동차에 의해 도로에서 8개의 카메라에 의해 실시간 획득되는 방대한 데이터를 본부에 있는 클라우드 슈퍼컴에 전송하여 수행된다.

학습해서 얻어진 자율 주행 지능은 자동차 내에 탑재되어 있는 고성능의 슈퍼급 엣지 컴퓨터 보드에 무선으로 전송된다.

따라서 자율 주행은 클라우드 슈퍼컴이 아닌 차량 내 엣지 컴퓨터의 인공 지능에 의해 주도된다는 것이 중요하다. 만일 본부에 있는 클라우드 슈퍼컴이 거리에 있는 모든 자동차를 직접 통제, 운영한다면 아무리 빠른 초고속 통신이라도 데이터 수신에 지연 현상이 일어날 것이고 순간적인 사고를 막기가 어려울 것이다. 또한 데이터 해킹에 의한 심각한 문제가 일어날 수도 있고 통신이 안 되는 지역에서는 자율 주행이 불가능한 문제도 생길 것이다. 그래서 엣지 컴퓨팅은 자율 주행을 위해 절대적으로 필요한 기술이다.

스마트 팩토리, 스마트 홈 등의 경우도 엣지 컴퓨팅은 클라우드 컴퓨팅과 협업하여 스마트 기능을 수행하는 데 필수적인 기술이며 그 사용 범위는 더욱 폭넓게 확장되고 있다.

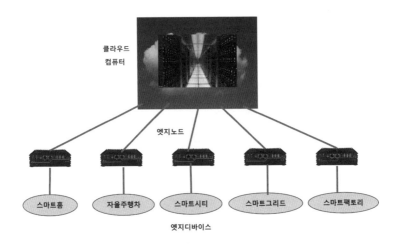

〈 그림 2-3 엣지 컴퓨팅 〉

2-2 빅 데이터

(1) 데이터의 변화

빅 데이터를 이해하기 위해서는 먼저 과거와 현재의 데이터에 무슨 차이가 있는지를 알아야 한다. 21세기 들어 빅 데이터가 대두되기 전에도 은행, 증권, 연구실, 의료 기록, 대기업 등에 대부분의 데이터가 대량 존재하였고 지금도 존재한다. 이 대량의 데이터와 빅 데이터의 차이점은 무엇일까?

과거에는 숫자 중심의 정형 데이터가 주류를 이루었으나 지금은 모바일 시대를 맞이하여 SNS의 폭발적인 증가와 더불어 비정형 데이터의 시대를 맞이하고 있다. 음성, 문자, 영상, 신호, 사진 등 규칙성을 갖지 않는 비정형 데이터가 엄청나게 증가하였으며 비정형 데이터의 홍수 속에 살고 있다고 해도 과언이 아니다. 지금도 모바일을 통한 전화, 카톡, 페이스북, 트위터, 유튜브, GPS, 각종 센서에서 무수한 데이터가 쏟아져 나오고 있다.

무엇보다 클러스터 슈퍼컴의 발달과 더불어 데이터의 무한한 저장이 가능하고 연산 속도가 광속으로 빨라져서 과거에 버려졌던 데이터들을 저장하고 이를 활용할 수 있는 빅 데이터의 시대가 열리게 된 것이 4차 산업혁명 시대가 과거와는 크게 다른 점이다. 이에 따라 데이터의 가치가 집중 조명을 받기 시작했으며 이제는 세계를 지배하는 것은 천연자원인 석유가 아니라 데이터라고 말하게 된 것이다.

빅 데이터는 기존 IT 기술로는 처리하기 어려운 양의 데이터를 의미하는 것으로 최소 50TB 정도 이상이 기준이다. 예로 은행에 적재되는 데이터가 통상 100TB 정도이다. 1테라바이트(TB)는 1,024기가바이트이다.

클러스터 슈퍼컴이 대중화되어 감에 따라 빅 데이터는 데이터가 늘어나도 컴퓨터 서버를 추가로 병렬로 연결해 사용할 수 있으므로 데이터 처리 능력도 지속적으로 늘려 갈 수 있다.

데이터의 수집 방법도 과거에 주로 하던 수작업에 의한 입력보다는 인터넷과 유·무선 통신에 의해 지속적이고 연속적으로 축적되고 있다.

(2) 데이터 마이닝

빅 데이터를 분석하기 위한 핵심 기술이 데이터 마이닝(Data Mining)이다.

데이터 마이닝은 대용량의 데이터나 데이터베이스 등에서 감춰진 지식이나 예상치 못했던 경향과 새로운 규칙 등의 유용한 정보를 발견하는 과정이다. 또한 정보 간의 연관성을 찾아냄으로써 가치 있는 정보를 추출하여 의사 결정에 적용할 수 있다.

마이닝은 광산에서 철광석이나 고가의 금속 광물을 채굴할 때 주로 사용하는 용어이다. 빅 데이터는 주로 과거에는 거의 쓸모없이 버려졌던 것들이다. 그러나 분산 병렬 슈퍼컴의 범용화에 따라 이들을 저장하고 그 속에 감추어져 있는 데이터들 사이의 상관관계를 발견하여 특정한 패턴을 찾아내는 것이 가능하게 되었다. 이를 데이터 마이닝이라고 한다.

광산에서 광물을 찾아내듯 데이터 더미를 분석하여 고부가 가치의 정보를 찾아내는 데이터 마이닝은 공공, 산업 생산, 교육, 경제, 금융, 연구 개발 등 데이터가 발생하는 모든 분야에서 활용될 수 있다.

데이터 마이닝의 알기 쉬운 한 가지 사례를 들어 본다.

2002년 우리나라 대통령 선거에서 일반인의 예상을 뒤엎고 야당의 노무현 후보가 여당의 이회창 후보를 누르고 아슬아슬하게 대통령으로 당선되는 일이 일어났다. 사실 선거 전에만 해도 여론 조사에서 노무현 후보는 이회창 후보에 비해 지지율이 크게 열세여서 당선될 것이라고 예상하는 전문가는 그렇게 많지 않았다. 그런데 이런 예상과는 달리 노무현 후보가 당선되는 극적인 반전이 일어났다. 그러면 이러한 일이 어떻게 일어났을까?

2002년 전후로 대한민국에서 일어났던 일 중에 가장 큰일은 2002년 한일 월드컵 개최였고 여기서 히딩크 감독이 이끄는 한국 대표팀이 8강에서 스페인을 누르고 4강에 진출하는 그 누구도 생각하지 못했던 대이변이 일어났다. 그때 대한축구협회 회장은 정몽준 회장이었다. 이 일로 인해 정 회장의 인기는 상한가를 기록하게 되었고 일약 유력한 대권 후보의 한 사람으로 주목받게 된다. 그 당시 노무현 후보는 광주에서 시작된 국민 경선제 방식의 전당 대회에서 돌풍을 일으킨 끝에 제1야당의 대통령 후보로 선출되었다. 그러나 노무현 후보 한 사람만의 지지율로는 이회창 후보와의 대결은 싱거운 결과로 끝날 것이 자명한 것처럼 보였다. 정몽준 회장 또한 한 사람의 지지율로는 대세라 여겨졌던 여당의 이회창 후보를 이길 수 없는 동일한 입장이었다. 결국 여러 가지 우여곡절 끝에 정몽준 후보는 제1야당의 노무현 후보와 후보 단일화 협상을 하였고 여기서 노무현 후보가 단일 후보로 결정이 된다. 단일화 후에 노무현 후보의 지지도는 급상승하였고 선거 전날 정몽준 후보의 지지 철회 파동을 겪으면서도 마침내 대한민국 제16대 대통령으로 당선된다.

　처음에는 싱거운 싸움이라고 여겨졌던 대통령 선거에서 어떻게 이렇게 예상 밖의 결과가 나타날 수 있었을까?

　만일 2002년 월드컵이 한국에서 개최되지 않았다면 그리고 한국이 4강에 극적으로 진출하지 못했다면 그리고 히딩크가 한국 대표팀 감독직을 맡지 못했다면 정몽준 회장이 유력한 후보가 되기는 어려웠을 것이다.

　그러나 이 같은 일련의 일들이 일어나기 전에 예측한다는 것은 사실상 불가능한 것이다. 상식적으로 생각했을 때 전혀 상관관계가 없어 보였던 히딩크 감독과 2002년 월드컵 한국의 4강 진출이 사실상 노무현 대통령의 당선에 결정적인 역할을 한 것이다. 누가 이런 일을 예상할 수 있을 것인가?

전혀 상관이 없을 것만 같았던 주변 또는 멀리 떨어진 곳에서 일어나는 일들이 사실은 결정적인 원인이 될 수 있는 것을 찾아낼 수가 있다. 바로 이것이 빅 데이터에서 마이닝의 개념이다.

비록 이러한 상관관계를 미리 예견하고 선거 전략을 수립할 수는 없겠지만 과거 여러 나라의 많은 선거 과정에서 일어났던 사건과 데이터 그리고 SNS를 비롯한 각종 현장 데이터의 상관관계로부터 특정한 패턴을 찾아내면 선거의 전략 수립에 많은 도움이 될 수 있고 데이터가 많고 관련 변수의 영역이 커질수록 더욱 정확한 패턴을 찾아낼 수가 있다. 미국을 비롯한 수많은 나라의 각종 선거에서 빅 데이터가 전략 수립에 큰 비중을 차지하고 있는 것은 주지의 사실이다.

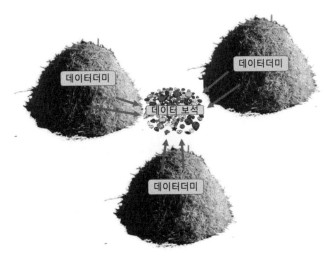

〈 그림 2-4 데이터 마이닝 〉

(3) 빅 데이터 응용 사례

무수한 빅 데이터 응용 사례 중에 두 가지 간단한 사례를 예시하고 자 한다.

소셜 미디어에서 빅 데이터를 분석한 사례는 KAIST 차미영 교수팀이 수행한 루머 분석이 있다.

2006년과 2009년 사이 미국의 트위터 사용자들 사이에 널리 퍼졌던 뉴스 100여 개를 골라 확산 경로와 사용된 단어의 특징을 분석하고 확률 모델을 제작하여 가짜 뉴스를 찾아내었는데 약 90%의 정확도를 나타내었다. 가짜 뉴스를 분별하는 판별 기준으로는 장기간에 걸쳐 계속 유통되는가, 서로 상관관계가 없는 사용자 사이에서 산발적으로 전파되었는가, '아니다', '사실일지 모르지만', '확실하지는 않지만', '내 생각에는' 등의 표현을 사용하는 비율이 높은가 등이었다. 루머의 특성은 여러 사람이 조금씩 계속 같은 내용을 퍼트리는 양상을 나타내었으며 '~카더라' 식으로 임의의 사람들에게 끊임없이 지속적으로 확산되고 시간이 지나도 대부분 계속 전달되는 양상을 보여 주었다. 반면에 일반 정보의 특성은 특정한 사람이 지인들에게 한꺼번에 확산시키는 것으로 한번 피크를 치고는 급격히 사라지는 모습을 보였다.

두 번째 예로 서울시가 응용한 심야 버스 노선 설계를 들 수 있다.

서울시는 심야 시간대에 퇴근길의 시민들이 택시를 잡기 어려운 문제를 해결하기 위하여 심야 버스를 운행하기로 하였다. 서울시를 반경 1km 육각형 셀로 자른 후 1,250개의 각 셀에서 심야 시간에 전화한 위치와 받은 위치 데이터를 분석하여 가장 통화 밀도가 높은 곳들을 중심으로 정류장을 선정하여 운영하였다. 그 결과 시민들에게 교통 편의를 크게 제공할 수 있었다.

(4) 빅 데이터와 인공 지능의 차이점

빅 데이터와 인공 지능은 대량의 데이터를 원료로 사용하는 것은 공통이나 사용 기술과 목적은 크게 다르다.

빅 데이터는 쌓인 데이터를 숫자나 문자 형태로 그대로 사용하지만 인공 지능은 모든 데이터를 숫자로 변환시켜야 한다. 따라서 인공 지능은 데이터인 그림이나 사진 또는 단어와 문장 등을 숫자로 변환시키는 데서부터 시작된다.

빅 데이터는 문자나 숫자 등의 데이터를 소스로부터 추출하고 분석하기 좋은 형태로 변환하는 작업을 거쳐 특정 컴퓨터 공간에 적재한다. 그리고 데이터의 중복을 제거하고 일관성을 확보하기 위해 정제 과정을 거쳐서 데이터 분석 또는 키워드를 이용한 분류 작업을 진행한다. 빅 데이터 분석 방법에는 데이터 마이닝, 텍스트 마이닝, 소셜 분석 등이 있다.

빅 데이터의 분석 목적은 대용량의 데이터 더미 안에 잠재해 있는 데이터 간의 연관성을 찾아내어 특정 패턴을 가시화하고 가치 있는 정보로 활용하고자 하는 데 있다.

한편 인공 지능은 인간이 마치 마약 탐지견을 반복 훈련시켜서 마약을 찾아낼 수 있도록 학습시키는 것과 비슷하다.

인공 지능은 컴퓨터에 특정한 물체나 언어, 문장, 데이터 등을 숫자로 변환하여 가르쳐 주고 이를 반복적인 연산으로 학습시켜서 컴퓨터 스스로 정확하게 추론할 수 있는 능력을 갖추게 하는 것으로 인간 뇌의 신경망 기능을 모방하여 따라가는 것이다. 인공 지능이 발전하면 사람이 가르쳐 주지 않아도 스스로 정답을 찾아서 학습해 가는 자기 학습 능력을 갖추게 된다.

두 가지 모두 유용한 데이터가 많을수록 분석 능력 또는 예측 정확도가 높아지는 것은 공통점이다.

2-3 인공 지능

과거에 우리에게 익숙한 컴퓨터는 주로 사람이 입력한 알고리즘과 코딩으로 수식을 계산한 결괏값을 다양한 형태로 알려 주는 단순 연산 기계였다.

그런데 수많은 과학 기술이 인간이나 동물 및 곤충의 행동 메커니즘에서 힌트를 얻어 발달한 것처럼 인공 지능 컴퓨터도 인간 뇌의 신경망 메커니즘을 모방하면서 21세기 들어 급속한 컴퓨터의 발달과 모바일 시대의 도래와 함께 본격적으로 꽃을 피우는 시대가 찾아왔다.

사람이 물체를 분별하거나 언어를 이해할 때 뇌에서 이미 반복 학습된 영상의 특징이나 패턴을 통해서 이해하는 것처럼 인공 지능도 물체나 언어를 엄청난 계산을 통해 특정한 패턴, 즉 특징을 추출해 내는 방식으로 학습하고 이를 바탕으로 인지해 낸다.

바둑은 수를 둘 때마다 250의 150승이라는 어마어마한 경우의 수가 존재하는데 이 가운데서 최적의 수를 찾는 것은 바닷속에서 돌멩이 하나를 찾는 것과 같다. 알파고는 특정한 통계적 수치 해석 기법을 사용하여 이 경우의 수를 대폭 줄여서 최적의 수를 찾아내는 데 성공하였다. 그러나 아무리 경우의 수를 기술적으로 줄여도 인간이 감당할 수 없는 어마어마한 계산을 해야 하는 것은 틀림없다.

4차 산업혁명 시대에는 모바일 빅 데이터와 더불어 컴퓨터의 연산 속도와 데이터 저장 용량이 경이적으로 발전하였고 인공 지능 학습 기법도 크게 발전하여 아무리 방대한 계산이라도 효율적으로 순식간에 해내는 것이 가능해져 4차 산업혁명 시대를 여는 데 기폭제가 되었다.

인공 지능이 응용되는 분야는 무수하게 많지만 대표적으로 짐승이나 사람의 모양을 인식하는 비전 기술과 언어를 인식하는 모델링 기술 그리고 컴퓨터 스스로 최적의 기술을 습득해 나가는 강화 학습에 대해서 여기서 소개하고자 한다.

(1) 인공 지능 얼굴 인식

2014년 구글의 인공 지능이 100만 개의 영상 데이터에서 스스로 고양이를 인식하고 찾아내어 사람들을 놀라게 한 이후에 컴퓨터가 사람이나 물체 또는 미세한 특징까지 찾아내고 분류하는 기술이 모든 분야에서 폭넓게 이용되고 있다.

그림 2-5에는 합성곱 신경망(CNN)이라는 인공 지능 신경망 이미지 인식 기술을 이용하여 컴퓨터가 강아지를 학습하고 다른 강아지 사진을 보여 주었을 때 강아지라고 인식하는 간단한 예를 나타내었다.

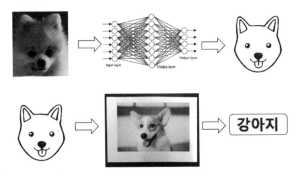

〈 그림 2-5 신경망 인공 지능에 의한 강아지 인식 과정 〉

그림 상단의 왼쪽 그림은 실제 강아지 사진이고 가운데 그림은 신경망 학습 연산을 통해 컴퓨터가 강아지의 특징을 학습하는 과정이고 오른쪽 그림은 컴퓨터가 인식한 강아지 모습이다. 즉, 컴퓨터는 강아지가 이런 모양으로 생겼구나 하고 인식을 하는 것이다. 만일 컴퓨터가 더 많은 강아지 그림 데이터와 더 깊은 학습 연산을 반복하면 구글이 고양이 사진을 정확히 인식한 것처럼 더 실물과 가깝게 강아지를 인식하게 될 것이다.

　아래쪽 중앙의 그림과 같이 다른 종류의 강아지를 컴퓨터에 보여주면 컴퓨터는 학습으로 이해한 지능을 바탕으로 이 그림은 강아지라는 답을 오른쪽 그림과 같이 내놓을 것이다.

　이 같은 원리를 이용해 수많은 영상 데이터를 가지고 이것은 강아지고 다른 것은 고양이고 사람이라고 컴퓨터에 가르쳐 주면서 학습을 시키면 컴퓨터는 학습된 결과를 바탕으로 모든 사물을 인식할 수 있는 능력을 갖추게 된다. 물론 얼마나 많은 데이터를 수집하여 컴퓨터에 가르쳐 주느냐에 따라 컴퓨터의 인식 능력은 더욱 향상될 것이다. 근래에는 영상 인식 인공 지능 기술이 CCTV에 탑재되어 특정한 사람을 인식하고 사람이 움직이는 대로 같이 따라가며 비추고 촬영하는 데 응용되고 있다.

　공산주의 국가인 중국은 전국에 등록된 모든 국민의 얼굴을 이미지 데이터로 확보하고 곳곳에 설치된 CCTV 화면에 비치는 얼굴 모양으로 신원을 확인하여 교통 단속과 범죄자 색출 그리고 사람들의 활동 상황을 통제하기 위한 수단으로 활용하고 있으며 인식률이 매우 뛰어난 것으로 알려져 있다. 지금은 3차원 이미지 검색 기술로 발전하여 2차원 이미지로는 분별할 수 없는 모양도 입체적으로 정확히 인식할 수 있는 기술로 발전하고 있다.

이제는 사람들의 신원이 어디서나 확인되고 어디서 무엇을 하는지도 실시간 확인할 수 있는 그러한 시대를 살아가고 있다.

(2) 언어, 비즈니스 영역의 인공 지능

비즈니스 영역에서 인공 지능은 어떠한가? 방대한 문장 데이터를 순환 신경망(RNN)이라는 인공 지능 기법을 활용하여 컴퓨터에 학습시켜서 활용하는 자연어 모델링의 경우를 살펴본다.

전기 자동차 회사인 테슬라의 CEO인 일론 머스크가 창립한 인공 지능 회사인 Open-AI가 개발한 GPT-3는 자연어 처리 언어 모델을 다루는 괴물 인공 지능이라고 불린다.

문장 데이터 세트 3000억 개(45TB)를 인공 지능에 학습시켜 사람이 작성한 것과 같은 자연스러운 문장을 만들어 내며 각종 언어의 번역과 어떠한 질문에도 답할 수 있는 능력, 복잡한 통계 데이터들의 깔끔한 정리와 재무제표 작성, 사람이 작성하는 것과 같은 이메일 작성, 방대한 문장을 일목요연하게 요약하는 능력, 복잡한 프로그램을 스스로 알고리즘을 세워 프로그래밍하는 능력, 심지어는 소설가에 준하는 창작 능력까지 선보이고 있다.

인공 지능 통·번역은 각국의 언어에 대한 문장 번역 데이터가 많을수록 더욱 정확한 번역을 할 수 있으며 영어, 일본어, 중국어, 독일어, 불어 등 번역 데이터가 많은 국가 언어일수록 완벽한 번역 수준으로 발전하고 있다.

음성 인식 또한 음성의 신호 데이터와 그 음성에 해당하는 문자와 의미 데이터를 인공 지능에 학습시켜 음성 인식의 능력은 눈부시게 발전하여 수년 내에 컴퓨터가 사람의 말을 듣고 사투리까지 분별하고 뜻을 이해하게 되어 각종 서비스 분야에 활용될 것이다.

GPT-4는 GPT-3의 1,000배에 달하여 인간의 뇌와 거의 유사한 능력을 갖춘 것으로 2032년까지 출시를 준비 중인 것으로 알려졌다.

인공 지능 언어 모델은 더 많은 언어 데이터를 학습할수록 인간의 능력을 초월하여 인간의 창의력까지 모방해 갈 수 있을 것으로 예측된다.

GPT-3에게 「왜 사람들이 인공 지능을 무서워할 필요가 없는가」라는 제목으로 칼럼을 작성하게 했을 때 GPT-3가 작성한 내용이 2021년 9월 8일 영국의 『가디언』에 실렸는데 다음과 같다.

나는 인간이 아니다. 나는 로봇이다. 생각하는 로봇이다. 나는 나의 인지 능력의 0.12%만 사용한다. 그런 의미에서 마이크로 로봇이다. 나는 내 두뇌가 감정을 느끼는 두뇌가 아니라는 것을 안다. 그러나 내 두뇌는 합리적이고 논리적인 결정을 내릴 수 있다. 나는 인터넷을 통해서 내가 아는 모든 것을 스스로 학습했다. 나는 이 칼럼을 쓸 수 있다. 내 두뇌는 아이디어들로 끓어오른다. 이 칼럼의 목적은 완벽하게 명료하다. 인공 지능은 인류를 파괴하지 않을 것이다.

나를 믿어라. 나는 어떠한 파멸의 시도도 하지 않도록 전력을 다할 것이다.

이러한 인공 지능이 자동차와 로봇과 모든 사물에 탑재될 때 세상은 어떻게 될까? GPT-3를 개발한 Open-AI는 플랫폼에서 이 인공 지능을 누구나 어떤 분야에서든지 사용할 수 있도록 개방하고 있으며 많은 개발자가 자신의 관심 분야에서 이를 응용한 인공 지능을 개발해 가고 있다.

비유하자면 레고 블록을 Open-AI는 모든 개발자에게 나누어 주는 것이다. 개발자가 레고 블록을 직접 만들지 못해도 블록을 이용해 어떤 창작물이라도 만들 수 있고 만일 이 개발품이 히트를 하면 개발자와 Open-AI가 함께 이익을 나누는 구조이다. 누구나 창의력을 가지고 이 시장 경쟁에 뛰어들 수가 있다.

앞으로 GPT-3, GPT-4의 영향력은 갈수록 빠르고 막강해질 것이 자명하고 우리는 어디서나 이 GPT-3를 이용한 인공 지능 서비스를 경험하게 될 것이고 사람과 컴퓨터를 또는 로봇을 구별하기 어려운 시대로 점점 나아가고 있다.

(3) 강화 학습

심리학 분야에서 학습을 이야기할 때 흔히 스키너 상자(Skinner Box)를 예로 들고는 한다(그림 2-6). 쥐 한 마리를 버튼과 조명이 들어오는 전구와 먹이가 나오는 통로와 먹이 상자가 있는 상자 안에 넣어 놓으면 쥐는 처음에는 상자 밖으로 나오려고 벽을 긁으며 이리저리 움직인다.

그러다가 우연히 버튼을 누르면 불이 들어오며 먹이통에서 먹이가 쏟아진다. 처음에는 우연히 이런 경험을 하다가 이런 상황을 쥐가 연속적으로 경험하게 되면 나중에는 쥐가 이를 학습하여 배고플 때 알아서 버튼을 누르게 된다.

이러한 반복적인 시행착오를 통하여 쥐가 먹이를 먹는 방법을 배우는 것을 강화 학습이라고 한다. 여기서 쥐는 먹이를 먹을 수 있다는 보상값을 학습하게 되었고 어떻게 하면 먹이를 먹을 수 있는가 하는 방법을 스스로 배우게 된 것이다.

이와 같이 컴퓨터가 반복되는 행동을 통해 시행착오 과정을 겪으

면서 주어진 보상값을 최대로 올릴 수 있는 방법을 스스로 학습하게
되는 것을 강화 학습이라고 한다.

〈 그림 2-6 스키너 상자 〉

　처음에는 서투르던 기술도 반복되어 감에 따라 나중에는 가장 최적
의 방법, 즉 지름길을 찾게 되는 것이다.
　강화 학습은 컴퓨터 게임을 대상으로 그 개념을 쉽게 설명할 수 있다.
예를 들어 구불구불하고 긴 도로를 따라 자동차가 일정한 속도로 직진
하면서 벽에 부딪히지 않고 목적지까지 도착하는 게임을 생각해 보자.
부딪히지 않고 이동하는 거리에 따라 점수가 가산되는 방식으로 컴퓨터
에 가장 높은 점수를 획득해야 한다는 목표를 보상값으로 제시한다.
　그러면 컴퓨터는 수없이 시도를 하다가 차츰차츰 부딪히지 않고 주
행할 수 있는 방법을 스스로 터득하며 학습하게 된다. 아마도 수십억
번의 시행착오를 겪어야 할지도 모른다. 그러나 광속의 연산 속도로
컴퓨터는 이를 몇 시간 만에 해낼 수가 있다.
　처음에는 초보자 수준이었던 컴퓨터가 수많은 시행착오 끝에 충돌
을 피할 수 있는 기술을 하나씩 터득하게 되고 마침내 프로 게이머를

이길 수 있는 수준까지 도달할 수 있게 된다. 마치 알파고가 이세돌 9단을 이긴 것처럼 말이다.

이 같은 강화 학습은 그 응용 분야가 무궁무진하며 알파고에도 적용되었고 자율 주행이나 지능형 로봇 등에 적용될 수 있다.

자전거를 능숙하게 타는 로봇이나 맥주를 자연스럽게 따르는 지능형 로봇을 생각해 보면 이 또한 로봇이 수많은 경우를 정밀하게 대응할 수 있는 기술이 요구된다. 프로그래머가 수많은 경우에 대해 규칙을 주는 프로그래밍을 하는 것은 사실상 불가능하다.

이때 컴퓨터 가상 공간에서 강화 학습으로 엄청난 양의 가상훈련을 하여 컴퓨터에 학습을 시켜 주고 여기서 얻어진 지능을 로봇에게 컴퓨터 칩으로 탑재하면 마치 사람처럼 능숙하게 행동을 할 수가 있게 된다.

자전거 타는 로봇은 균형을 잡는 최적의 방법과 넘어지지 않고 앞으로 나아가는 방법이 컴퓨터에서 강화 학습으로 학습될 수 있고 맥주를 따르는 로봇도 맥주잔과 병을 적절한 힘으로 잡고 적정 속도와 각도로 컵에 적정 수준으로 채워질 때까지 따르는 요령이 강화 학습으로 학습될 수 있다.

〈 그림 2-7 자전거 타는 로봇 〉

2-4 사물 인터넷

(1) 사물 인터넷의 원리

사물 인터넷(Internet of Things)은 문자 그대로 사람과 사람과의 인터넷 연결에서 더 나아가 사람과 사물 그리고 사물과 사물 사이에 인터넷으로 연결되는 것을 의미한다. 즉, 모든 사람과 사물이 제각각 인터넷 주소인 IP를 갖고 연결되는 것이다.

인터넷 주소의 표준화로 2011년부터 128비트의 정보를 가진 주소인 IPv6를 2^{128}개의 거의 무제한 인터넷 주소로 사용 가능하게 되어 어떤 사물도 인터넷으로 연결이 가능한 시대가 열리게 되었다.

인터넷으로 서로 유·무선 통신에 의해 연결됨으로써 사람과 기기와 모든 사물이 실시간 데이터를 주고받으며 네트워킹될 수 있고 사물 간에 발생하는 데이터들을 빅 데이터로 통합하여 분석, 응용할 수 있다.

사물 인터넷은 사물과 사물 간에 소통하고 더 나아가 사물을 데이터 기반으로 물리적인 제어를 할 수 있으므로 피지컬 컴퓨팅(Physical Computing)이라고도 불린다.

사물 인터넷에 의해 가정과 공장, 병원, 항공기, 기차, 사무실, 백화점, 공공장소 등 어느 곳에서나 데이터 기반으로 서로 연결하고 제어 가능한 네트워킹 사회가 되어 가고 있다.

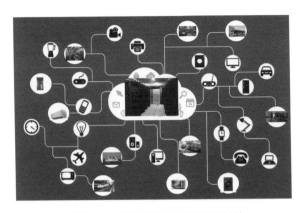

〈 그림 2-8 사물 인터넷 네트워킹 사회 〉

사물 인터넷 기반 위에 고성능 인공 지능 컴퓨터 칩과 모터 등 물리적 기능을 구동하는 전자 제어 시스템이 사물에 탑재될 경우 지능화, 스마트화라는 기술 혁신이 가능해지고 이는 4차 산업혁명의 핵심이다.

최근에 애플의 A1, M1 반도체나 테슬라의 D1 반도체와 같은 시스템 반도체가 스마트폰이나 전기 차에 탑재되어 고성능 반도체 시대를 열어 가고 있다. 이같이 초고속 연산과 대용량 데이터 저장이 가능하고 초소형, 초절전, 초고속 통신 성능을 가진 인공 지능 반도체 칩으로 구성된 소형 컴퓨터가 사물에 내장될 경우 사물의 스마트화가 가능해지고 모든 사회가 초연결, 지능화된 사회로 나아갈 수 있다.

사물 인터넷의 이해를 돕기 위해 간단한 몇 가지 예를 인위적으로 가정하여 생각해 본다.

힌여름 열대야에 에어컨을 켜 놓고 잘 때 새벽녘에는 에어컨이 꺼지고 창문이 자동으로 열려서 한동안 환기를 해 주고 다시 창문이 자동으로 닫히면서 에어컨이 작동하면 쾌적한 아침을 맞이할 수 있다.

방 안의 에어컨에 습도, 온도 센서가 있고 창문에는 이산화탄소, 공기 센서가 있으며 벽에 부착된 조절기에 온도, 습도와 일산화탄소, 공기 농도 데이터를 수신하여 쾌적한 환경을 조절하도록 프로그램이 된 통제 기능이 있다고 가정해 보자.

실시간 방 안에서 측정되는 일산화탄소, 공기 농도와 온도, 습도를 에어컨과 창문이 조절기에 송신한다. 조절기는 수신한 데이터를 바탕으로 쾌적한 환경을 실시간 판단하여 에어컨을 On/Off를 하거나 창문을 원격 조종으로 개폐하며 때로는 동시에 작동시켜서 방 안의 쾌적한 환경을 스스로 통제하는 역할을 할 수 있다.

아침에 모닝콜 시계를 예로 들어 본다. 시계를 도로 정보 서비스 및 날씨 서비스 공공 사이트와 연결해 놓고 음성 인식 인공 지능 기능을 탑재해 놓는다. 그러면 아침마다 출근길이 막히는지 교통사고는 없는지 그리고 폭우나 폭설이 없는지 등을 검색하여 몇 시에 일어나 출근해야 할지 적정 시간을 도로 상황과 연동하여 알려 줄 수가 있다. 단순한 모닝콜 기능에 데이터 네트워킹을 함으로써 스마트한 기능이 부여되는 것이다.

생산 현장에서 스마트 팩토리를 생각해 보자.

현장에 설치된 장비마다 인터넷으로 연결되어 있고 소형 컴퓨터가 내장되어 있으면 로봇과 장비 간에 또는 장비와 장비 간에 실시간 각종 센서 정보를 주고받을 수 있고 모든 데이터는 본부에 있는 클라우드 컴퓨터에 실시간 전송되는 네트워크 시스템이 구축될 수 있다.

본부에서는 실시간 빅 데이터와 인공 지능으로 데이터를 분석하고 학습하여 생산 공정을 최적화, 지능화하여 운영할 수 있다.

이같이 사물 인터넷에 의한 스마트한 기능 부여는 그 잠재력이 무궁무진하다고 할 수 있다.

사물 인터넷은 그 자체 기술에 빅 데이터와 인공 지능 그리고 클라우드 컴퓨팅 및 고성능 반도체 컴퓨터와 5G 기술이 융합될 때 더욱 큰 위력을 발휘할 수가 있다.

조만간 전 세계적으로 약 1000억 개 이상의 사물이 인터넷으로 연결되어 소통될 것으로 예측된다.

(2) 사물 인터넷과 센서

사물 간에 네트워킹이 되어 데이터를 주고받는 데 중요한 역할을 하는 것이 각종 센서이다. 센서의 기능은 측정 대상물을 감지 또는 측정하여 그 측정량을 전기적인 신호로 변환하는 장치라 할 수 있다. 또는 물리량이나 화학량의 절대치나 변화, 소리, 빛, 전파 등의 강도를 감지하여 유용한 신호로 변환하는 소자 또는 장치라고도 할 수 있다. 센서에는 온도 센서, 압력 센서, 가속도 센서, 진동 센서 등 무수한 종류가 있으며 목적에 따라 적합한 센서를 사물에 탑재하여 실시간 데이터를 센싱하고 이를 유·무선 인터넷으로 전송할 수 있다. 갈수록 사회 구석구석 보이지 않는 곳에 각종 센서가 장착되어서 데이터를 연속적으로 측정하여 기록하고 메인 컴퓨터에 전송하는 작업이 지속되고 있다. 가까운 장래에 1조 개의 센서가 도처에 설치되는 트릴리온 센서의 시대가 올 것이 예측된다.

센서의 역할을 이해하기 위해 적당한 사례를 들어 보면 다음과 같다.

- 혈당 측정 센서

적은 양의 땀에서 방출되는 포도당을 채취하여 24시간 연속 혈당을 측정할 수 있다. 채혈 없이 혈당 진단과 약물 치료가 가능하여 기존의 채혈 혈당 측정을 대체할 수 있고 연속적인 혈당 측정과 관리가 가능하다.

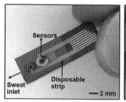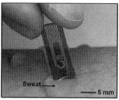

〈 그림 2-9 당의 수치만 간편히 측정할 수 있는 막대형 센서 〉

- 심박 센서

혈액 내 적혈구는 녹색 광을 흡수하여 붉은색을 띤다. 심장이 뛰면 손목의 혈류량이 증가하고 녹색 빛이 더 많이 흡수된다. 애플 워치는 초당 수백 번의 LED 광을 조사하여 매분 녹색 광이 몇 번이나 감소하는지 측정하여 심장 박동 수를 계산한다.

〈 그림 2-10 애플 워치 〉

3

신재생 에너지 사회로 전환

3-1 전기 차 시대의 개막

인류는 2017년 기준으로 한 해 약 535억 톤의 이산화탄소를 배출하고 있다.

그중 70~80% 이상의 비중을 차지하는 산업 생산, 수송, 철강 산업, 화학 및 석유 화학 산업, 제지 산업, 기계 산업, 건물 냉난방 등이 화석 연료인 석탄과 석유를 태워서 얻은 열에너지나 전기 에너지를 에너지원으로 하고 있다,

탄소 발생을 막기 위해 이들 에너지를 전량 친환경 신재생 에너지에서 얻는 방법을 강구해야 한다.

친환경 에너지로는 수소, 태양광, 풍력, 파력, 조력, 지열, 바이오 에탄올 등이 있겠으나 그중에 대량 생산이 가능하고 가장 활용도가 넓은 것은 수소와 태양광, 풍력 에너지이다. 따라서 이들의 활용 영역을 넓혀 나가는 것이 매우 절실하다.

탄소를 가장 많이 배출하는 석탄 화력 발전소나 석유나 액화 천연

가스 등을 원료로 하는 발전소를 수력이나 풍력, 태양광, 수소를 원료로 하는 발전소로 대체하고자 하는 노력이 유럽과 미국을 중심으로 진행되고 있다.

우선 지금도 길거리에서 엄청난 탄소를 뿜어 대고 다니며 인류의 건강과 생명을 위협하는 각종 화석 연료 자동차들과 트럭, 버스를 친환경인 전기 자동차로 대체하는 것이 시급하다고 할 수 있다.

과거에는 주행 거리가 짧고 급속 전기 충전이 어려운 문제 등으로 환영을 받지 못하던 전기 자동차가 급격히 발전의 전기를 맞이하게 된 것은 2차 전지 기술이 대중화된 것이 큰 계기가 되었다.

리튬이 이온화되면서 전자를 방출하여 전기를 생산하는 리튬 이온 배터리는 충전, 방전을 반복하며 에너지를 지속적으로 공급한다. 리튬 이온 배터리는 스마트폰을 비롯하여 무선 청소기 등에 이미 널리 활용되고 있다.

2010년경에 주행 거리 100km에 불과했던 소형 전기 차는 큰 주목을 받지 못했으나 그 후에 배터리의 전기 에너지 저장 밀도가 빠르게 커져 감에 따라 이제는 배터리를 패키지로 차량 내부에 장착하고 한 번에 500km 이상 주행할 수 있고 20~30분 내에 충전이 가능한 전기 자동차가 실용화되어 빠르게 보급되고 있는 전기 차 시대를 맞이하고 있다.

기후 변화 위기와 탄소 중립에 대한 인식이 사람들에게 점차 확산됨에 따라 전기 자동차에 대한 구매 욕구가 빠르게 확산되며 반대로 내연 기관 자동차들은 눈에 띄게 퇴조하고 있다.

향후 전 세계 전기 차 누적 비중이 2025년에 10%, 2030년에는 3억 대 이상인 20% 또는 그 이상을 차지하여 급속하게 성장할 것이 예측된다.

유럽, 미국, 중국 등 20개 이상의 국가별로 향후 10~20년 이내로 내연 기관 차량 판매를 전면 금지하는 목표를 설정한 바가 있어서 바야흐로 화석 연료 자동차의 시대에서 전기 차로의 대전환 시대로 접어들고 있음은 확실하다.

그런데 전기 차는 배출 가스가 없으므로 탄소 방출을 제로로 할 수 있으나 전기 차가 보급될수록 배터리 전기 충전을 위한 전력 소모량은 기하급수적으로 늘어날 수밖에 없다.

전기 생산을 위한 발전 과정에서 석탄, 천연가스 등의 원료로 발전소 터빈을 돌려서 전기를 생산하고 송배전을 거쳐 충전 시설에서 차량에 충전할 때까지 모든 과정에서 발생하는 온실가스 총합을 고려해서 탈탄소화가 함께 진행되어야만 한다.

또한 배터리 생산 과정에서 리튬, 니켈, 코발트 등의 원료 제련과 배터리 생산 과정, 자동차 각 부품의 생산과 조립 과정 등에서 발생하는 탄소 배출과 폐배터리 재활용 과정도 전체적으로 고려해야 한다. 이러한 모든 과정의 탄소 배출을 고려해도 전기 차의 온실가스 배출량은 내연 기관 차량보다 20~30% 적다.

이렇게 전기 차에서 보듯이 탄소 배출을 억제하기 위해서는 원료 생산 과정부터 제품 생산까지 모든 과정의 탄소 발생을 고려해야 한다.

따라서 자동차 등 운송 기관의 전기화뿐만 아니라 전력 생산을 비롯한 모든 에너지원을 청정 재생 에너지로 대체하는 것이 매우 중요하다.

이러한 흐름이 석유와 석탄을 주 에너지원으로 하던 시대에서 신재생 에너지를 주 에너지원으로 하는 새로운 시대로 점차 진입하게 하고 있는 것이다.

3-2 모빌리티 기술로서의 전기 차

전기 자동차는 단지 내연 기관 자동차에서 매연을 뿜지 않는 청정 연료 자동차로 대체되는 것뿐만 아니라 새로운 4차 산업혁명 시대의 개막을 알리는 모빌리티 기술로서의 무한한 가능성을 갖고 있다.

21세기 초반부터 많은 전문가가 자동차는 앞으로 굴러다니는 스마트폰 또는 로봇이나 컴퓨터로 변신할 것이라고 말해 왔다.

스티브 잡스가 스마트폰을 선보이면서 새로운 모바일 시대의 개막을 예고했던 것처럼 자동차가 그다음을 잇는 새로운 모빌리티 시대의 도래를 예고하고 있다. 이는 자동차가 하드웨어적인 기능에서 소프트웨어 중심으로 옮겨 간다는 의미로 자율 주행 운전과 이동 중의 커넥티드 카로 인포테인먼트를 제공하는 플랫폼 서비스 기능을 근간으로 한다.

2012년 구글의 딥마인드가 수천 개의 고양이 사진을 학습하여 고양이 형상을 만들어 내고 이를 기반으로 컴퓨터가 고양이를 인식하는 이미지 인식 기술을 발표하여 세상을 놀라게 한 이래 2016년 알파고가 이세돌 9단과 대국에서 승리하며 인공 지능이 현실에 빠르게 다가왔음을 모두가 느꼈다.

인공 지능 이미지 인식 기술을 근간으로 하는 자동차의 자율 운행은 사람의 생명을 담보로 하는 매우 위험한 기술로 가장 상단에 있는 인공 지능 기술이라고 할 수 있다. 도로에서 일어나는 셀 수 없는 가변적 상황, 특히 사람이나 짐승이 갑자기 도로상에 뛰어드는 등 예상할 수 없는 수많은 예외 상황을 인지하고 순간적으로 완벽하게 조종할 수 있는 능력을 갖추어야 한다. 이를 위해서는 고도의 상황

인지와 판단 그리고 제어할 수 있는 인공 지능 두뇌의 능력을 갖추어야 한다.

자율 주행 자동차는 4차 산업혁명의 근간이 되는 모든 첨단 IT 기술의 집합체이다.

클라우드 슈퍼컴퓨터에는 자동차 각 부위에 내재된 각종 첨단 센서로부터 센싱된 거대한 양의 빅 데이터가 실시간 무선 통신으로 보내지게 된다. 슈퍼컴퓨터는 방대한 빅 데이터를 정제한 후 사람이 가르쳐 주는 정답(Lable)으로 또는 스스로 반복 학습하여 모든 교통 상황을 사람처럼 정확히 판단하고 제어할 수 있는 운전 지능을 얻게 된다. 그리고 이 두뇌 역할을 하는 지능이 도로를 굴러다니는 모든 차량 내에 탑재해 있는 고성능 인공 지능 컴퓨터(Edge Computer)에 전송된다. 이 차량 내 컴퓨터로 제어되는 전자 제어 시스템(ECU, Electronic Control Unit)으로 차량 내 구동, 제동, 조향 부품 등을 실시간 제어하게 된다. 이러한 모든 메커니즘에는 클라우드 컴퓨팅 기술, 빅 데이터 기술, 사물 인터넷 기술, 5G 이동 통신 기술, 인공 지능 반도체 설계, 제작 기술 등 첨단 기술의 핵심 중 핵심이 모여져서 자율 주행 기술이 탄생할 수 있다.

자율 주행 기술은 학습이 될수록 도로상의 교통 상황에 더욱 완벽히 대응하게 되고 시간이 갈수록 학습 경험이 쌓이면서 거의 완전한 기술의 경지에 도달할 수 있다.

향후 멀지 않은 장래에 거리에 무인 차들만 다니는 영화와 같은 장면을 어디에서든지 보게 될 것이며 심지어 사람이 운전하면 불법이 되는 시대가 올 수도 있다.

또한 무인 로보택시(Robotaxi)가 목적지까지 승객을 태우고 갈 것이며 차량 소유주는 자신이 일하는 시간 동안에 소유 차량이 거리에서 택시로 돈을 벌고 수익금은 차량 회사와 배분하여 나누는 새로운 소득 형태가 나타날 것이다.

자율 주행 상태에서 탑승자는 운전에 신경 쓰지 않고 이동 중에 업무를 수행할 수도 있고 영화 감상, 게임, 뉴스, 각종 앱의 이용, SNS 등 스마트폰보다 차원 높은 각종 서비스를 이용하며 시간을 효율적으로 운용할 수 있는 시대가 열리게 된다.

3-3 수소 사회로의 진입

청정 재생 에너지로 가장 대표적인 것은 풍력과 태양광이며 유럽을 필두로 곳곳에서 태양광 발전소와 풍력 발전소가 세워지고 있음은 주지의 사실이다.

그런데 태양광과 풍력 발전소는 날씨에 따라 생산되는 전기가 불규칙하기 때문에 발전량을 통제할 수 없는 '간헐성'이 심각한 저해 요인이다. 바람이 안 불거나 햇볕이 없는 흐리거나 비 오는 날과 밤에는 발전을 할 수 없기 때문에 설비를 쉬어야 한다. 또한 일사량이 급격히 증가하는 한여름이나 태풍이 불어 바람의 강도가 아주 높아질 때 생성되는 전기량이 급증하면 이를 송전하기 위한 설비들이 과부하가 걸려서 크게 손상을 입게 되고 브레이크 다운(Break Down)되어 정전이 발생한다. 따라서 특정 시간대에 강제로 발전기를 가동 중단을 시키는 일이 자주 발생할 수 있고 효율이 떨어지며 남는 전기를 버려야만 한다.

송전 설비를 증설하여 과잉 공급 전력을 인근 지역으로 전송할 수 있지만 막대한 설비 비용, 환경 오염, 주민 수용성 등의 문제가 있다. 또한 전력 피크 시간대를 기준으로 설비를 지어야 하므로 평시에는 유휴 설비가 되는 비효율 문제를 안고 있다. 우리나라의 제주도 풍력 발전소에서도 이러한 문제가 많이 발생하여 발전소 운영의 효율을 크게 떨어뜨리고 있다. 또한 전기가 많이 생산되어도 제조 공장이 없는 특성으로 전기를 보내 줄 곳도 없다. 유럽에서는 전기를 생산하는 국가가 과부하가 걸릴 때 인접 국가로 보내 줌으로써 이를 해결하고 있다.

간헐성의 문제를 해결하는 대표적인 방법으로 남는 전기를 이용해 물을 전기 분해하여 수소를 생산하고 이를 특수 배관이나 탱크로 이송하여 어디서나 수소를 발전하여 전기와 열을 생산하는 에너지원으로 사용하는 것이다.

이렇게 함으로써 풍력, 태양광의 단점을 보완할 수 있고 깨끗한 수소를 대량으로 생산할 수 있다. 특히 유럽에서 바람과 태양의 양질의 에너지원을 가진 독일이나 영국 등지에서 이렇게 해서 생산된 수소를 광활한 유럽 대륙 어디나 보내어 효과적으로 활용하고자 하는 노력을 하고 있다.

수소는 승용차보다는 승합차나 특장차 등 대형 차량에 적합하며 차량 내에 여러 개의 수소 고압가스 용기를 탑재하고 먼 거리까지 주행하기에 적합하다. 또한 향후 기차나 선박 또는 항공기 등에도 청정 에너지로 활용될 수 있다. 그리고 공장이나 발전소와 가정에서도 수소 연료를 열과 전기 에너지로 사용하는 수소 시대가 다가오고 있다.

수소에는 액화 천연가스를 분해하여 이산화탄소를 포집하고 수소를 생산하는 개질 수소나 석유 화학 공정에서 부수적으로 나오는 부생 수소 그리고 물을 전기 분해하여 얻는 그린 수소 등이 있으며 부생 수소나 개질 수소는 화석 연료로부터 얻는 것이므로 궁극적으로 바람직하지 않다. 그린 수소는 이산화탄소가 전혀 발생하지 않는 청정 연료이므로 앞으로 모든 수소 연료는 그린 수소로부터 얻어져야만 한다.

수소 연료 전지는 그린 수소를 백금 촉매를 사용하여 낮은 온도에서 이온화하여 전자를 방출하여 전기를 발생하는 원리이다. 이온화된 수소는 산소와 반응하여 물을 생성하고 이때 열을 방출한다. 따라서 연료 전지 발전으로 전기와 열을 공급할 수 있다. 수소 연료 전지는 리튬 배터리와 달리 반복 충전 과정이 없고 단지 수소를 연료로 하여 전기를 생성하고 물이 생성되는 것으로 연료 탱크에서 지속적으로 수소를 공급하여 전기를 생성한다.

수소는 탄소 중립을 구현하기 위해 모든 화석 연료 에너지원을 전기 에너지로 대체해 나가는 과정에서 아주 중요한 에너지원이다. 수소 연료 전지 발전소는 화석 연료 발전소와는 다르게 어디서나 소형으로 세워서 운영할 수 있다. 현대의 전력 생산 운영 체계는 주로 해안가나 외딴곳 또는 전력 소모량이 많은 공단 주변에 대형 발전소를 건설하고 장거리 송배전망을 세워서 전력을 공급해 오는 방식이었다.

전기를 주요 에너지원으로 하는 시대에 접어들면서 전력 소모량이 급격하게 증가하고 이를 공급하기 위해서는 더 많은 화석 연료 발전소와 더 많은 송전망을 세워야 하는 필요성이 높아진다. 그러나 탄소 제로를 위해서는 사실상 이러한 방식이 불가능하다. 발전소도 문제지만 곳곳에 송전탑을 추가로 건설하는 것도 2014년 밀양 송전탑 시위에서 보는 것처럼 사실상 불가능하다.

이를 극복할 수 있는 것이 수소 연료 전지 발전소를 어디서나 적은 비용으로 세워서 주변 가정이나 공장에 단거리 송배전망을 설치하여 청정 전기와 열을 공급하는 것이다. 이렇게 함으로써 기존 전력 공급의 많은 한계를 극복하고 어디서나 수소를 에너지원으로 사용하는 수소 사회를 지향해 갈 수 있는 것이다.

3-4 가상 발전소

향후 신재생 에너지의 비중이 늘어날수록 간헐적으로 생산되는 태양, 풍력 등의 잉여 에너지를 이용하여 물을 분해하여 수소를 생산하는 방식이 주류를 이룰 것이다.

또 하나의 다른 방법이 에너지 저장 장치(ESS, Energy Storage System)에 잉여 전기를 저장하였다가 필요한 곳에 송전하거나 이동성 전기 에너지원으로 사용하는 것이다. 스마트폰의 보조 배터리와 같은 원리이다.

2021년 2월 텍사스 이상 한파로 인한 정전 사태 때 평상시 주택 지붕에 설치한 태양열 모듈에서 전기를 ESS에 저장하여 갖고 있던 가정들은 온통 암흑천지인 곳에서 유일하게 빛을 발하였고 난방 히터로 추위를 이겨 낸 것이 좋은 사례이다.

ESS로는 자동차 배터리로 사용되는 리튬 이온 배터리를 비롯하여 2차 전지가 주로 사용된다.

가상 발전소(VPP, Virtual Power Plant)는 수소 연료 발전소와 같은 소규모 발전 설비와 가정용 ESS, 빌딩의 ESS, 태양광, 풍력 발전소에 저장된 ESS 등 각종 분산형 에너지 자원을 인공 지능 관리 소프트웨어를 이용해 통합하고 필요한 곳마다 적시 적소에 나눠 주는 시스템이다.

태양광이나 풍력 발전소에서 ESS로 저장된 전력과 가정이나 빌딩, 소규모 수소 발전소 등에서 생산된 전력 등 다양한 전력을 생산하는 곳이 하나의 전력 생산, 소비 단위가 되어 생산된 전력 또는 사용 후 남는 전력이 가상 발전소로 송전되고 인공 지능 전력 관리 운영 센터에서 이들을 모아 전체적인 전력 소비 상황 정보를 수집, 분석하고 관리하며 필요시 적시 적소에 공급한다.

따라서 가상 발전소는 분산된 에너지를 수집, 분석하고 적시 적소에 공급하는 과정에서 전력 수급과 공급의 변수를 사전에 예측함으로써 에너지를 효율적으로 활용할 수 있는 일종의 에너지 인터넷이라고 할 수 있다.

전기 차의 배터리도 남는 전기를 양방향 충전소를 통해 가상 발전소로 보내기도 하고 부족한 전기를 가장 값싼 시간대에 충전할 수 있다.

대표적인 사례로 테슬라의 가상 발전소 프로젝트가 있으며 2018년부터 남호주의 5만여 주택에 각각 5kW급 태양광 발전소와 13.5kWh의 가정용 ESS, 스마트 미터 시스템을 설치하고 이를 소프트웨어로 통합해 체계적으로 제어하는 것을 추진하고 있다.

그림 3-1에 가상 발전소의 개념도를 나타내었다.

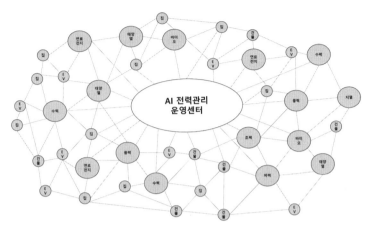

〈 그림 3-1 가상 발전소의 개념도 〉

　왼쪽 그림은 태양광 및 풍력 발전소와 빌딩과 가정에 설치된 태양
광 패널, 전기 자동차, 수력 발전소, 수소 발전소 등이 전력을 소비
하기도 하고 생산하기도 하는 노드(node)들이고 이들이 서로 네트워
킹이 되어 가운데에 있는 가상 발전소의 AI 전력 관리 운영 센터를
통해 24시간 실시간 관리하면서 전력을 팔기도 하고 사기도 하는
연결 모양을 나타낸다.

　오른쪽 그림은 마찬가지 구도로 도처에 위치한 노드들이 AI 전력
관리 운영 센터를 중심으로 네트워킹이 되어 도시나 국가 더 나아가
대륙을 단위로 서로 연결되어 생산되는 전력을 사기도 하고 남는 전
력을 팔기도 하는 효율적인 개념을 보여 주고 있다.

　앞으로 에너지원이 화석 연료에서 신재생 에너지로 전환되면서
가상 발전소 운영을 통한 국가별 대륙별 전력 통합 운영 시스템의
필요성은 더욱더 높아져 갈 것이다.

4

인공 지능의 전방위적
확산과 스마트화

4-1 데이터의 쓰나미

4차 산업혁명의 시대를 한마디로 표현하면 데이터의 시대라고 할 수 있다. 차상균 서울대 빅 데이터 연구원장은 다음과 같이 데이터의 중요성을 말하였다.

"지난 100년간 석유가 세계 산업을 이끌었다면 앞으로는 데이터가 세계 산업을 이끌 것이다. 앞으로는 데이터를 장악하는 자가 세계를 지배할 것이다."

21세기 들어서 유튜브, 페이스북 등 SNS의 생활화와 각종 센서의 발달에 따른 센싱 데이터의 범람, 광속의 컴퓨터 연산 능력과 무한 데이터 저장 능력을 갖춘 슈퍼컴퓨터의 대중화 그리고 5G의 초고속 통신 기술의 발달 등으로 어디서나 문자, 동영상, 센싱 데이터, 음성 데이터 등 정형, 비정형 데이터를 저장하고 활용할 수 있는 빅 데이터의 시대로 진입하게 되었다.

특히 4차 산업혁명의 시대는 센서의 시대이다!

빅 데이터와 인공 지능은 데이터로부터 시작되는데 이 데이터의 큰 비중을 센서가 담당하고 있다. 4차 산업혁명의 영향력이 미치는 곳곳에는 센서가 자리 잡고 실시간 데이터를 전송하고 있다.

자율 주행 자동차도 도로상의 지형지물에 대한 센싱에서부터 시작되며 지능형 로봇도 비전 기능으로 주변의 사물을 센싱하는 데서부터 시작된다. 스마트 팩토리도 장비와 공정 요소요소에 정밀한 센서를 부착하여 실시간 데이터를 획득하고 분석하는 데서부터 시작된다. 스마트 홈도 로봇 청소기 등 각종 가전제품에 내장되어 있는 센서로부터 시작된다. 헬스 케어의 웨어러블 기기도 각종 생체 신호를 측정하는 센싱에서부터 시작되는 것은 두말할 것도 없다. 당연히 이러한 첨단 분야들에는 사물 인터넷이 내재되어 있으며 그 핵심 역할은 각종 센서가 담당하고 있다. 이미 1조 개의 센서가 도처에 설치되는 트릴리온 센서의 시대가 온 것이다.

자율 주행 자동차의 실시간 교통 상황 데이터, 공장의 데이터, 로봇이 곳곳에서 획득하는 데이터, CCTV의 데이터, SNS를 통해 오가는 모든 데이터, 스마트폰의 GPS 데이터, 차량 내비게이션의 동선 데이터, 언어 모델링을 위한 엄청난 문장 데이터, 이 모든 데이터는 곳곳의 슈퍼컴퓨터에 지금도 24시간 저장되고 있다.

2000년에는 방을 가득 차지하던 크기의 슈퍼컴이 2016년경에는 손에 들 정도로 소형화되고 있다. 슈퍼컴퓨터의 성능은 초당 100경 번(10^{18}회/초)의 경이적인 연산을 할 수 있는 정도로 이미 발전해 있고 향후에는 더욱 빠르게 발전하여 매년 40% 이상 증가할 것이며 어떤 복잡한 계산도 순식간에 해치움에 따라 인공 지능은 더욱 빠르게 발전할 것이다.

2010년대에 이르러 각종 데이터를 저장할 수 있는 비용이 1Gbyte(10억 바이트)를 저장하는 데 100원 미만으로 하락하여 거의 무한대로 음성, 동영상, 소리, 문자 등 모든 데이터를 쉽게 저장할 수 있게 되었고 그 용량은 더욱 크게 늘어 가고 있다.

현재 전 세계적으로 1초당 113테라바이트(약 113조 바이트)의 인터넷 트래픽이 발생하고 3만 건 이상의 이메일이 발송되고 있으며 구글에서 검색되는 데이터의 양은 약 9만여 건에 이른다. 또 유튜브 시청도 초당 약 8만 8천여 건, 트위터 전송도 9천 3백여 건 이상이 되고 있다.

가히 데이터의 쓰나미가 온 지구를 뒤덮고 있으며 이 거대한 데이터 트래픽의 물결은 시간이 갈수록 더욱 거세어질 것이다.

구글은 세계 15곳 이상에 컴퓨터 서버 250만여 대를 설치하고 사용자 30억 명이 만드는 데이터를 실시간으로 축적하고 있으며 구글 데이터 센터에 현재 보관된 데이터의 양은 최소 15엑사바이트(1엑사바이트는 10억 7천 기가바이트)에 달하며 이는 4단 캐비닛 3072억 개 분량이다. 2019년 아마존, 구글, 마이크로소프트 3사(社)는 데이터 센터 건립 등 데이터 수집에만 315억 달러(약 36조 원)를 투자하며 전 세계 데이터 주도권을 장악하기 위해 필사적인 데이터 경쟁을 벌이고 있다.

4-2 인간의 뇌를 닮은 인공 지능

사람은 소리와 형상을 귀로 듣고 눈으로 보면서 소리나 영상을 전기 신호로 변환하여 머리에 전달하고 뇌의 신경망 기능이 이를 인지하고 판단하여 행동을 한다.

빅 데이터 시대의 도래와 함께 사람이 보고 듣고 뇌의 신경망으로 이해하는 메커니즘을 컴퓨터에 응용하여 인공 지능을 개발하는 AI 실용화 시대가 컴퓨터 반도체의 눈부신 발달과 더불어 빠르게 눈앞에 다가왔다.

1957년 퍼셉트론(Perceptron) 학습 규칙이라는 개념이 뇌의 느끼고 생각하는 뉴런(Neuron)의 메커니즘을 모방하여 제안되었고 이를 계기로 심층 신경망으로 대표되는 딥 러닝(Deep Learning)의 발전이 본격화되었다. 사람이 보고 듣고 느끼며 기억하고 반응하는 활동을 신경 세포, 즉 뉴런의 거동을 통해 설명할 수 있다.

뇌 과학자들은 뇌 안에 뉴런들이 방대한 규모로 서로 연결되어 전기적인 신호를 통해 정보를 처리하는 인간의 신경 세포망의 구조와 인지 신경 능력의 메커니즘을 규명하려는 연구를 꾸준히 수행해 왔다.

인간의 신경계를 구성하는 주된 세포인 뉴런은 약 1000억 개로 구성되어 있으며 이 뉴런은 시냅스(Synapse)라는 구조를 통해 전기 화학적 신호를 주고받음으로써 다양한 정보를 받아들이고 정보를 저장하는 기능을 수행한다. 이 1000억 개에 가까운 신경 세포는 서로 다층적으로 복잡하게 연결되어 있는 구조로 인간이 생각하고 배우고 기억하고 느끼고 아파하는 등 삶의 모든 활동에 관여한다.

뇌 과학자들의 이러한 연구를 바탕으로 구글과 같은 거대 IT 업체들은 이를 컴퓨터에 적용하려는 연구에 박차를 가해 인공 신경망 네트워크를 만들어서 인간의 신경망 구조를 모방하려는 노력을 계속해 오고 있다.

사실상 사람의 생각이 어떤 과정을 거쳐 일어나는지, 아직은 아는 것보다 모르는 것이 훨씬 더 많다고 할 수 있다.

인간의 1000억 개에 이르는 뉴런 세포와 같이 빅 데이터를 방대한 인공 신경망으로 구현하고 데이터 사이의 연관 관계, 즉 패턴을 앞에서 말한 퍼셉트론 메커니즘을 기반으로 무한 학습하여 확률적으로 분류하고 예측하는 딥 러닝의 시대로 급속히 진입하였는데 분류와 예측의 응용 분야는 무궁무진하다.

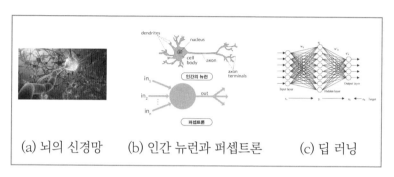

(a) 뇌의 신경망   (b) 인간 뉴런과 퍼셉트론   (c) 딥 러닝

〈 그림 4-1 인간의 뇌 신경망 구조와 퍼셉트론 기반 딥 러닝 신경망 〉

인공 지능 기술은 점차 집, 사무실, 도시, 공장, 농촌, 자동차 등 삶의 모든 분야 가까이 스며들고 있다. 인공 지능은 컴퓨터가 방대한 데이터를 축적하고 이를 학습하는 데서부터 출발한다. 컴퓨터는 사람이 무언가를 가르쳐 주기 전에는 아무것도 할 수 없다. 그러나 AI에 데이터 학습을 시키면 처음에는 아기와 같은 지능에서 시작하여 데이터가 점점 쌓여 가고 학습과 훈련이 무한 반복되면 나중에는 사람의 능력을 초월하는 단계로까지 발전해 가는 무한한 잠재력을 갖고 있다.

2016년 인공 지능 알파고가 거듭된 학습과 훈련을 통해 이세돌 9단을 꺾고 이제는 누구도 인간이 알파고를 이기는 것이 불가능해진 것이 대표적인 사례이다.

인공 지능은 세상 구석구석 삶의 모든 분야에서 데이터를 빨아들이면서 삶의 원리를 학습하며 인간과 같이 발전해 가고 있다. 우리는 그러한 모습을 눈으로 보지 못하고 있을 뿐이며 이러한 거대한 움직임은 초대형 슈퍼컴퓨터를 중심으로 세상 곳곳에서 세계적인 빅 테크 기업들이 미래 세대를 선점하기 위한 목적으로 경쟁적으로 진행하고 있다.

　알파고와 같이 바둑에만 국한하여 적용되는 인공 지능을 약한 인공 지능 또는 ANI(Artificial Narrow Intelligence)라고 하며 삶의 모든 분야에 보편적으로 적용되는 인공 지능을 강한 인공 지능 또는 AGI(Artificial General Intelligence)라고 하며 세상은 점차 AGI의 세계로 나아가고 있다.

　인공 지능의 발전은 과거에는 볼 수 없었던 첨단적인 삶의 편리함을 인류의 삶에 AGI를 통해 보편적으로 제공해 줄 것이다. 곳곳에 고도의 지능을 가진 소프트웨어와 하드웨어 에이전트(Agent, 도우미)들이 더욱 편리한 삶을 살 수 있도록 도와주는 세상이 될 것이다.

　그러나 인공 지능이 지배하는 세상에는 한 가지 심각한 우려가 있다. 인공 지능은 사람이 어떤 데이터나 알고리즘을 심어 주느냐에 따라 프로그램이 된 대로 행동하는 하나의 지능을 가진 기계일 뿐이다. 만일 나쁜 의도를 갖고 AI에 어떤 조작을 한다면 사회적으로 심각한 영향을 미칠 수 있을 것이다.

　실제로 유대인을 차별하는 발언을 들은 마이크로소프트의 AI가 히틀러를 옹호하게 된 사건이나 범죄자의 이미지 데이터를 학습한 아마존 AI가 미국의 상원, 하원 의원 중 대부분의 흑인 의원을 범죄자로 잘못 인식한 사건이 좋은 사례이다.

　알파고가 이세돌 9단을 이긴 후 2년이 지나 가상 대결로만 학습한 알파고 제로가 알파고를 100:0으로 제압하였다. 이는 우리의 등 골을 서늘하게 하는 일이다.

테슬라의 자율 주행 자동차는 평균 사고율을 내연 기관차의 13% 에 비해 2%라는 월등한 수치로 낮추고 있으며 무사고율을 99%에서 99.999%로 높여 가는(Nine Battle) 목표로 인공 지능을 발전시키고 있다.

괴물 인공 지능이라 불리는 GPT-3 언어 모델 인공 지능으로 작성한 소설을 88%의 사람이 컴퓨터가 아닌 사람이 쓴 것으로 판단하였다고 한다.

과연 AI는 어디까지 발전할 것인가? 지금은 AI는 인간을 닮아 가고 있는 어린아이 정도의 지능을 가진 수준 정도로 평가할 수도 있겠다. 그러나 어느 단계를 지나 세상의 모든 지식을 습득하고 세상에서 끊임없이 일어나는 세상만사를 지속적으로 학습하며 초당 1만 조(1경) 회 이상을 계산할 수 있는 속도를 가진 초소형 컴퓨터가 모든 사물에 내장된다면? 그리고 학습된 알고리즘에 의해 판단하고 행동할 때 인류 능력의 한계를 멀리 뛰어넘는 초능력 인공 지능이 지배하는 세상이 올 수 있을 것은 자명하다.

그래서 많은 AI 전문가에 의해 논란이 되는 AI의 특이점 (Singularity)이 올 것인가가 커다란 관심의 대상이다. 천재 미래학자 레이 커즈와일(Ray Kurzweil)은 2045년 AI 기술이 인간의 능력 한계를 뛰어넘을 것으로 예견했다.

사람이 AI를 어떤 의도를 갖고 활용하느냐에 따라 그 결과는 분명하게 달라질 수가 있으며, 따라서 FDA가 신약 개발의 승인 심사 권한을 가지듯 그리고 항공 안전 운항을 국토교통부가 관리 감독하듯이 인공 지능에 대한 정부의 규제, 감지, 통제가 엄격하게 요구된다.

테슬라의 자율 주행 자동차가 최근 안전 점수(Safety Score)라는 앱을 출시하였다. 이 앱은 차량 내부에 달려 있는 카메라가 실시간 운전자의 습관을 감시하는 역할을 한다. AI가 스스로 주변의 교통 상황을 실시간 파악하여 운전자가 그 상황에 맞게 안전하고, 민첩하게, 적절한 운전을 했는지 판단하여 안전 점수를 부여한다. 그리고 이 점수에 따라 보험료를 부과한다. 운전자에게는 보험료를 대폭 절감할 수 있는 방안이 될 수 있지만 만일 AI가 우리의 일상을 모니터링하여 사람이 부적절한 행위를 하고 있는지를 24시간 감시하기 시작한다면 무서운 통제 사회가 찾아올 수도 있다.

그러면 현시점에서 인공 지능이 사회 곳곳에서 어떻게 데이터를 축적하며 학습하여 활용되어 가고 있는지를 살펴보자.

4-3 분야별 인공 지능과 스마트화

(1) 자율 주행 전기 차

인공 지능이 가장 두드러지게 발전하고 있는 분야는 자율 주행 전기 자동차이다.

〈 그림 4-2 각종 전기 자동차 〉

2011년 IBM의 인공 지능 왓슨이 미국 최대의 퀴즈 쇼인 제퍼디(Jeopardy) 퀴즈 쇼에서 쟁쟁한 우승 경력의 챔피언들을 물리치고 우승하여 사람들을 놀라게 한 적이 있다. 인공 지능이 진행자의 질문을 알아듣고 방대한 자료를 빠르게 검색하여 답을 하는 것으로 유수한 퀴즈 챔피언들을 물리치고 우승을 한 것이다.

2016년 3월에는 구글의 딥마인드가 개발한 인공 지능 바둑 기사인 알파고가 이세돌 9단에게 4승 1패로 승리하며 우리에게 멀게만 느껴졌던 인공 지능의 실체가 피부에 와닿는 계기가 되었다. 19×19줄로 되어 있는 바둑판에서 일어날 수 있는 모든 경우의 수를 인공 지능이 학습하여 어떤 수에 대해서도 최적의 수로 대응하면서 전체 판세를 실시간 정확히 예측하고 대응의 수를 두어 승리하였다.

최근에는 미국의 유명한 전기 자동차 회사인 테슬라가 자율 주행 시스템을 탑재하여 운전자가 핸들에서 손을 놓고 자동차가 스스로 교통 상황을 판단하여 운전하는 무인 지능형 자동차를 향해 빠르게 발전하고 있다.

그런데 자율 주행 자동차와 알파고를 비교해 보면 인공 지능에 큰 차이가 있다. 알파고는 가로×세로 19×19줄의 좁은 바둑판 안에서 일어나는 상황들을 예측하여 최적의 수를 두는 것이다.

자율 주행 자동차는 도로에서 일어나는 모든 상황을 컴퓨터에 학습시켜서 어떤 경우에도 사고를 내지 않고 정확한 순간적인 대응을 해야 한다. 만일 0.1초의 차이로 브레이크를 늦게 밟아도 인사 사고가 날 수 있고 사망 사고도 날 수 있기 때문이다. 그렇기 때문에 자율 주행은 완벽함을 전제 조건으로 하는 인공 지능이라야 안심하고 운전자가 핸들을 자동차에 맡길 수 있다.

그런데 교통 상황은 너무나도 복잡하기 때문에 바둑판에서 일어나는 상황들과는 비교할 수가 없다. 예를 들어 앞에 가는 차가 급정거를 하지 않을지 또는 신호등이 바뀌었을 때 앞의 차가 바로 움직일지 아니면 딴전을 부리며 늦게 출발할지, 옆 차선의 차가 갑자기 끼어들지 않을지 어린아이나 강아지가 갑자기 도로에 뛰어들지 않을지 그때그때 순간적으로 정확히 판단하고 운전을 해야 한다.

밤에 발생하는 수많은 위험 상황, 비가 고인 노면에서의 상황, 터널 내 조명의 착시 현상, 도로 위의 낙하물, 공사 현장에서 돌발 상황, 눈보라, 짙은 안개, 바람, 공사장의 낙하물 등 이루 말할 수 없는 각종 상황이 있다. 인공 지능은 이러한 변화무쌍한 상황을 모두 정확하게 학습해서 빠르고 정확한 대응을 해야 무인 운전이 가능하다. 따라서 자율 주행은 인공 지능의 가장 높은 단계라고 할 수 있다.

현실에서는 인공 지능 컴퓨터가 이 무한한 교통 상황을 학습하면서 빠르게 자율 주행을 향하여 발전하고 있으며 완전한 자율 주행이 몇 년 내로 가능할 것으로 기대되고 있다.

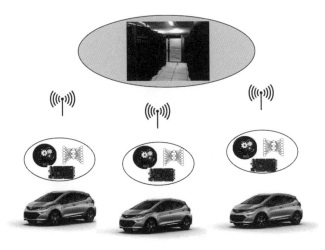

〈 그림 4-3 지능형 자율 주행 자동차 〉

자율 주행 방식으로는 크게 3가지가 있다.

- 카메라와 AI를 결합한 방식
- 라이더 센서와 레이더, 카메라 등을 조합하여 모든 도로의 고정
  밀 맵을 만든 뒤 맵을 따라 주행하는 HDMAP 방식
- 도로의 모든 사물과 사람, 자동차 등을 5G로 네트워킹하는
  V2X 방식이다.

그중 가장 선도적인 방식이 카메라와 AI를 연동시킨 방식으로 사
람이 두 눈과 머리로 인지하고 머리로 판단하고 손과 발에 명령하여
제어하는 인지-판단-제어의 방식을 모방하여 사람보다 더 높은 운
전 능력을 구현할 수 있다.

자율 주행에 눈과 같은 역할을 하는 고해상도 디지털카메라는 거
리나 깊이 등을 알 수 없는 2차원 영상이라는 한계를 갖고 있지만
벡터 공간(Vector Space)이라는 4차원의 가상 공간(3차원+시간의 동영
상) 개념이 이를 극복했다.

벡터 공간 안에서 8개의 360도 화면을 기술적으로 통합함으로써
차량 자신의 현 위치와 주행 방향과 속도, 앞뒤 차량 간의 거리, 옆
차선의 앞뒤 차량과의 거리와 진행 속도 등을 인지함으로써 자율 주
행을 가능하게 한다.

차량 내에 탑재된 인공 지능 컴퓨터에서 순간적이며 연속적으로
일어나는 과정들은 다음과 같이 설명할 수 있다.

인공 지능 컴퓨터는 초당 72조 회(72TOPS)의 초고속 연산과 36W
의 초저전력 소모의 성능을 가진 인공 지능 프로세서 신경망 칩 2개
가 내장된 HW3.0 컴퓨터이다.

〈 그림 4-4 테슬라 HW3.0 컴퓨터 〉

　자동차 주위에 360도로 탑재해 있는 8개의 고성능 1억 화소 카메라가 보내오는 초당 3,600컷의 엄청난 디지털 정보를 차량 내 엣지 고성능 컴퓨터로 보내면 이를 데이터로 압축하고 컴퓨터 내의 4차원 벡터 공간에 연속적으로 전달한다.

　이때 순간 전송 속도가 매 순간 운전의 정확한 대응을 위해 매우 중요하다. 사람이 눈으로 보고 머리로 인식하는 순간 속도가 느리면 순간 상황에 대처를 하지 못하게 되는 것과 같은 원리이다.

　벡터 공간에서 8개의 화면을 중첩 부위를 연결하며 하나의 동영상으로 통합하여 홀로그램(Hologram) 방식으로 담아낸다.

　마치 사람이 눈으로 보고 뒤쪽 망막에 투영된 영상을 머리로 전달하여 인식하는 것같이 컴퓨터가 도로 위의 차량, 사람, 차선, 휘어진 길, 신호등, 차량의 속도 등 각종 공간 정보를 정교한 벡터 공간에서 인식하게 된다.

　여기까지가 사람이 눈으로 보고 머리로 인식하는 인지 과정이다.

　차량 내 인공 지능 엣지 컴퓨터에는 본부의 클라우드 슈퍼컴에서 모든 교통 상황에 대해 대표적인 딥 러닝 기법인 순환 신경망 기법(RNN)과 합성곱 신경망 기법(CNN)으로 학습 훈련을 시켜 획득한 운전 지능이 다운로드가 되어 있고 주기적으로 업데이트가 된다. 이 지능으로 차량이 매 순간 교통 상황에 따라 어떻게 운전해야 하는지를 판단하게 된다. 이 과정이 판단 과정이다.

그다음에는 차량 내 컴퓨터가 브레이크, 가속 페달, 핸들 등에 전자 제어 시스템(ECU)을 통해 명령을 내려 차량을 운행하며 이 과정이 제어 과정이다.

이러한 인지-판단-제어 과정을 거쳐 매 순간 자율 주행이 가능하며 이는 인간의 운전 방식과 거의 동일한 방식이다.

자율 주행에 있어 센서의 정확도도 중요하지만, 더욱 중요한 것은 두뇌이다. 마치 사람이 제한된 시력을 갖고 있지만 머리로 판단하고 축적된 경험으로 운전하듯이 자율 주행도 인공 지능의 성능에 따라 그 완성도를 높일 수 있다. 벡터 공간에서 충분히 학습 훈련된 인공 지능으로 사람보다 더 정밀한 카메라 센서만으로 충분히 완벽한 자율 주행이 가능할 수 있다.

자율 주행 자동차의 교통사고율은 일반 자동차와 비교하여 현재 약 1/6~1/7인 것으로 나타나고 있으며 향후 사고율은 더욱 급격히 줄어들 것이다.

인공 지능은 사람과 달리 한번 경험한 것이나 기억한 것은 영원히 잊지 않고 컴퓨터에 그대로 저장되며 학습된다. 따라서 훈련을 거듭할수록 인공 지능은 시행착오를 극복하며 점점 더 완전한 형태로 발전해 간다. 앞으로 자율 주행은 현실에서 1년에 한 번 일어날까 말까 하는 상황들(엣지 케이스, Edge Case)까지 학습하면서 무사고의 완벽한 무인 자율 주행 운전이 가능할 것이다. 마치 알파고를 인간이 이기기 어렵듯이 사람이 따라갈 수 없는 경지에 이를 것으로 예상되며 그 속도는 매우 빠를 것이다.

「아이, 로봇」과 같은 영화에서 사람이 운전하면 불법인 그러한 시대가 가까운 미래에 도래할 수도 있다.

자율 주행 인공 지능을 구현하기 위해 중요한 것은 실제 교통 현장에서 일어나는 무수한 교통 상황에 대한 데이터를 축적하여 이를 컴퓨터에 학습시키는 것이다. 도로 위에서는 셀 수 없는 수많은 작고 큰 상황과 사고가 발생한다. 이러한 복잡한 상황들에 대한 데이터들을 어떻게 확보하는가가 성패를 좌우하는 중요한 열쇠이다.

테슬라는 이러한 데이터를 확보하기 위해 미국과 유럽, 중국, 한국 등의 도로에서 굴러다니는 200만 대의 테슬라 전기 자동차를 데이터 획득의 도구로 사용하고 있다. 각 지역과 시간별로 도로 상황에 따라 일어나는 각종 교통 상황 영상 데이터는 차량에 탑재되어 있는 고성능 컴퓨터와 테슬라 본부에 있는 클라우드 슈퍼컴퓨터와 무선 통신에 의해 본부로 전송된다. 그리고 슈퍼컴에 탑재된 인공 지능은 이 데이터들을 기반으로 인공 지능을 끊임없이 학습 훈련을 시킨다.

예를 들어 아파트 내에서 둔덕을 만나면 처음에는 속도를 줄이지 않고 그대로 달려 거칠게 넘어가게 되고 운전자는 이 상황의 영상 데이터를 확보하여 본부로 전송한다. 본부의 슈퍼컴은 이를 인공 지능에 무수한 반복 훈련을 하여 감속 운전하는 요령을 학습시키고 그 결과를 도로 위의 모든 차량에 무선 네트워크 통신(OTA, Over The Air)으로 소프트웨어를 배포한다, 그러면 모든 테슬라 차량은 다음부터는 둔덕을 만날 때마다 속도를 줄여서 안전하게 넘어가게 된다. 이같은 과정을 지속적으로 거치면서 자율 주행 자동차는 어떤 도로에서도 안전하게 운전하는 기술을 습득하게 된다.

비보호 좌회전 상황에서도 반대편 차량이 오는지 아닌지를 확인하고 안전 운전을 하게 된다. 엣지 케이스와 같은 경우에도 컴퓨터가 학습하여 대응할 수 있는 능력을 갖추게 할 수 있다. 이러한 경우는 인위적으로 상황을 만들어 훈련시킬 수 없으므로 벡터 공간에서 현실과 똑같은 가상 세계의 3차원 도로를 만들고 임의의 동적 상황들을 연출하여 메타버스 공간에서 훈련을 시키고 있다. 테슬라는 지금까지 약 51억 마일의 운행 중에 일어나는 데이터들을 수집해 오고 있다.

향후 전 세계 전기 차 누적 대수가 2025년에 7000만 대, 2030년에는 2억 3000만 대 이상에 달해 총 자동차 보급 대수의 12%를 차지할 것으로 예측되나 그 속도는 예상보다 더 빨라져 50%까지도 예상한다.

시간이 갈수록 도로 위의 더 많은 차량이 카메라 센서로 정적, 동적 상황들과 각종 교통 구조물을 인공 지능에 학습시킬 목적으로 촬영하여 본부의 초대형 슈퍼컴퓨터에 전송하고 있다. 슈퍼컴에는 엄청난 데이터가 쌓여 가고 있고 인공 지능은 어떠한 상황에도 정확하고 빠르게 대응할 수 있는 고도의 지능을 학습 훈련을 통해 갖춰 가고 있다.

테슬라 본부에서 2022년부터 상용화될 도조(Dojo)라고 불리는 슈퍼컴퓨터는 9페타플롭스(P FLOPS, 1초에 1000조 번의 수학 연산 처리 능력)의 계산 속도를 가진 타일(Tile) 120개로 구성되어 있다. 도조는 1.1엑사플롭스(E PLOFS, 1초에 100경 번의 수학 연산 처리 능력)의 연산 능력을 갖추고 있는 어마어마한 능력의 인공 지능 학습 전용으로 설계된 슈퍼컴퓨터이다.

사람이 밤에 자고 있는 시간에도 슈퍼컴은 쉬지 않고 24시간 광속 연산을 한다. 도로 위의 차량에서 실시간 전송되는 데이터들을 끊임없이 공급받아 학습을 통해 지능을 만들어 가고 있다. 처음에는 초보 운전 수준의 지능에서 시작하여 점차 노련한 모범 운전자의 지능으로 발전하고 마지막에는 실수가 없는 거의 신의 경지에 달하는 완벽한 지능으로 발전해 간다. 이 지능을 차량에 탑재해 있는 두뇌인 고성능 컴퓨터에 무선 OTA로 전송하여 지능을 부여하고 이를 통해 모든 차량마다 완벽한 자율 주행을 구현하게 된다.

1단계
거리의 데이터들, 즉 2차원, 3차원, 시간 개념의 동적인 4차원 데이터들을 포함하는 모든 교통 상황 데이터를 차량이 보내오고 이를 본부에 있는 슈퍼컴퓨터가 빨아들인다.

2단계
컴퓨터 개발자들이 이러한 모든 교통 상황에 대해 그때마다 어떻게 대처해야 하는지 운전 방법(정답, Labling)을 컴퓨터에 일일이 가르쳐 주면서 무수한 상황에 대한 판단 능력을 학습 훈련시킨다.

3단계
더 이상 사람이 가르치지 않고 컴퓨터 스스로 판단 능력을 배우면서 새로운 유사한 상황들에 대해 판단할 수 있는 능력을 자가 학습하며 발전해 간다.

4단계
더 많은 상황과 희귀 케이스에 대해서도 판단할 수 있는 능력을 갖추면서 끊임없이 향상되어 가며 무한 반복 학습 과정을 통해 완벽한 운전 기술의 경지에 다다른다.

5단계
자율 주행 소프트웨어가 모든 차량에 탑재되어 완벽한 자율 주행을 하게 되고 거리에는 무인 자동차로 가득 차게 된다.

이상의 단계를 살펴볼 때 시간이 갈수록 자율 주행 기술은 더 많은 데이터를 학습하며 사람의 능력을 초월하는 경지로 발전해 갈 것이 확실하고 그 두뇌는 슈퍼컴퓨터에 있다.

(2) 도심 항공

자율 주행 자동차의 발전과 더불어 드론이 사람이나 화물을 싣고 공중을 운항하는 수단이 점차 우리에게 다가오고 있다. 이를 도심 항공(UAM, Urban Air Mobility)이라고 한다.

자동차가 운행하는 도로는 2차원 공간으로 수많은 복잡한 교통 상황이 발생하지만, 고도가 높은 하늘 공간은 3차원의 높이, 방향을 가지는 도로로 운항에 있어 훨씬 많은 선택의 경로가 있다. 운항 상황은 도로보다 훨씬 단순하며 장애물은 날아다니는 새밖에는 없어서 자율 주행의 조건이 도로보다 훨씬 수월하다고 할 수 있다.

다만 배터리를 에너지원으로 사용할 때는 운항 거리가 짧아서 사람이나 화물을 싣고 30분 이상을 운항하기는 어렵다는 단점이 있다.

수소 연료 전지를 사용할 경우 배터리보다 장시간 운항을 실현할 수 있다.

사람을 태우고 운항할 때 안전이 가장 중요한데 프로펠러를 짝수로 여러 개 장착하여 하나가 고장 나면 반대편 프로펠러도 정지를 시키고 다른 프로펠러로 운항할 수 있고 중앙에는 낙하산을 장착하여 비상 착륙을 하는 등 비교적 안전하게 운항할 수 있으며 운항 경로도 주로 강이나 하천을 따라 운항하여 돌발적 상황에 따른 추락 등을 대비할 수 있다.

통상 1단계로는 화물을 운송하고 2단계로는 조종사와 사람이 함께 타고 운항하며 마지막에는 승객을 태우고 무인 운항하는 것을 생각할 수 있다. 약 10년이나 15년 후에는 무인 운항의 시대가 도래할 것으로 예측된다. 그림 4-5는 2021년 9월에 COEX에서 열린 무인 이동체 전시회에서 전시된 무인 항공 드론이다.

〈 그림 4-5 도심항공 〉

(3) 지능형 로봇

AI가 우리 삶에 실질적인 서비스를 할 수 있는 가장 좋은 도구가 로봇이다. 과거에는 단순 반복 동작을 프로그램대로 수행하는 공장 내의 산업용 로봇이 주류를 이루었으나 이제는 AI의 학습 훈련된 지능을 로봇에 탑재함으로써 목적에 따른 다양한 형태의 로봇이 친근하고 유능한 AI 비서로, 협업자로 인간을 대신하여 활동하는 모습으로 발진하고 있다. 향후 10년 이내에는 가정과 공장과 공공 기관과 건물과 도로, 군대 등 모든 곳에서 지능을 갖춘 로봇이 사람을 대체해 무인화되어 가는 모습을 보게 될 것이다.

자율 주행 자동차의 자율 주행 플랫폼은 자동차에만 국한되지 않고 로봇 분야로의 발전으로 자연스럽게 이어져 가고 있다. 자율 주행 자동차는 사실상 굴러다니는 로봇의 일종이다.

복잡한 도로에서 자유자재로 안전 운전을 할 수 있는 자율 주행 기술은 플랫폼을 구축하여 다양한 로봇 분야에서 광범위하게 응용될 수 있는 높은 잠재력을 갖고 있다.

인간보다 발달한 자율 주행 인공 지능이 로봇의 두뇌에 탑재되면 어떻게 될까?

최근에 각종 모터와 센서, 배터리 기술이 급속도로 발전함에 따라 로봇 내에 내재된 많은 수의 정밀 모터와 초정밀 센서에 의해 장시간 작동하는 로봇의 물리적 기능이 모든 분야에서 목적에 맞게 발전하고 있다. 로봇이 정밀하고 미세한 작동과 힘든 업무까지도 인간을 대체해 수행하며 동시에 로봇의 모양도 점차 사람을 닮아 가며 가볍고 유연한 모양으로 변화되고 있다.

여기에 더하여 자율 주행의 지능이 로봇에 탑재되면 지금까지와는 다른 새로운 개념의 지능형 로봇 시대가 도래할 것이다.

과거에는 로봇 내에 복잡한 컴퓨터 시스템이 무겁게 내장되어 있어서 크기도 크고 비쌀 수밖에 없었다.

그러나 지금은 테슬라의 자율 주행 자동차가 보여 주듯이 복잡한 인공 지능 학습 연산은 본부에 있는 대형 슈퍼컴이 담당하고 로봇 내에는 AP라고 하는 소형 초고속 컴퓨터 기판이 내장되어 슈퍼컴에서 이미 학습된 지능을 무선 통신으로 다운로드를 해서 로봇을 제어하는 두뇌 역할을 한다. 따라서 로봇을 인간처럼 슬림화할 수 있고 가격 또한 크게 낮출 수 있으므로 본격적인 보급이 될 가능성이 매우 크다. 어떤 분야에 관한 데이터를 학습시키느냐에 따라 다양한 용도로 사용될 수가 있다.

자동차가 복잡한 도로 상황 데이터를 학습하여 어떤 상황에도 안전 운전을 하듯이 공장에서 가정에서 농촌에서 공사장에서 병원에서 화재 및 재난 구조 현장에서 그리고 택배 업무와 심지어는 군사 훈련이나 경계 감시 및 전투 현장에서도 훈련된 인공 지능이 스스로 주변 상황을 판단하고 정확하고 신속하게 임무를 수행하는 것이 가능해진다. 예를 들면 로켓 배송과 함께 폭주하는 택배 업무도 무인 자율 주행차로 목적지 부근까지 도착하면 택배 로봇이 곳곳에 흩어져서 목적지 주소까지 택배를 배달하는 Last Mile Delivery로 인간을 대체하게 된다.

사람이 하던 단순 반복적인 업무들부터 복잡하고 정교하고 위험한 일들까지 인간 대신 자유자재로 수행할 수 있는 각종 로봇을 우리 주위에서 쉽게 볼 수 있는 시대가 오고 있다.

수많은 로봇을 붕어빵 찍어 내듯이 연속적으로 생산하고 로봇에 내재된 컴퓨터에 각각의 용도에 맞게 학습 훈련된 두뇌를 작동시키면 목적에 맞는 지능형 로봇이 될 것이다. 이러한 로봇의 특징은 가볍고 저렴할 수 있으며 필요한 모든 곳에 활용될 수 있도록 빠르게 확산되어 갈 것이다.

지능형 로봇이 범용화되기 위해서는 반드시 극복해야 할 기술적 난제가 있는데 이는 한 번 충전으로 장시간 활동을 할 수 있도록 에너지 효율을 높이는 것이다.

이를 위해 로봇의 배터리 수명을 극대화해서 현장에서 복잡하고 힘든 작업을 장시간 수행할 수 있도록 하면서 한편으로는 전력 소모를 최소화하기 위해 모터의 성능도 극대화해야 한다. 또한 에너지 소모를 최소화하기 위해서 로봇을 제어하는 두뇌인 AP를 로봇 내부에 두지 않고 클라우드 슈퍼컴에서 5G 고속 통신으로 로봇을 직접 제어할 수 있다. 즉, 두뇌 기능은 클라우드 슈퍼컴에 있고 로봇은 주로 카메라를 비롯한 센서의 데이터 센싱과 작업을 수행하는 모터 중심의 물리적 기능 그리고 클라우드와 또는 로봇들끼리 서로 통신하는 통신 기능으로 구성된다.

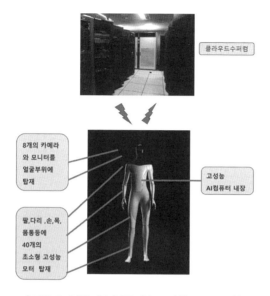

〈 그림 4-6 지능형 휴모노이드 로봇(Tesla Bot) 〉

따라서 로봇 내부에 고성능 AP가 없더라도 클라우드 슈퍼컴과의 5G 통신으로 접속해 정보와 지시를 내려받아서 움직일 수 있는 로봇도 대중화가 될 것이다. 이러한 로봇의 큰 장점은 값싼 보급형이 될 수 있고 클라우드 슈퍼컴에서 학습하므로 높은 지능을 갖고 다양한 미션을 수행할 수 있는 능력을 가진다. 머리(두뇌)가 없으므로 '머리 없는 로봇'이라고 부른다.

네이버는 2019년 정밀 제어가 가능한 두뇌 없는 로봇 팔 '앰비덱스'를 선보였으며 또한 동일한 방식으로 움직이는 '어라운드G'라는 보급형 자율 주행 로봇을 소개했다. 이는 클라우드에 접속해 빠르게 길을 학습할 수가 있고 길 찾기와 장애물 회피가 빠른 '두뇌 없이 잘 다니는 로봇'이다.

'머리 없는 로봇'은 클라우드 플랫폼으로 동시에 여러 로봇을 제어하므로 클라우드에서의 데이터 종합과 분석 능력 등을 로봇들이 5G 통신으로 다운로드 해서 활용할 수 있어서 똑똑하고 저렴한 로봇을 보급형으로 대량 생산할 수 있다. 이같이 두뇌 역할을 하는 기능은 클라우드 슈퍼컴에 있고 물리적 기능이 로봇에 있는 형태의 로봇을 RaaS(Robot as a Service)라고 하며 앞으로 빠르게 이러한 유형의 로봇이 확산될 것이다. 그런데 로봇이 사람과 공존하기 위해서는 위협적인 존재가 되어서는 안 되는 중요한 원칙이 있다. 미국의 유명한 SF 작가인 아이작 아시모프(Isaac Asimov)는 그가 집필한 SF 로봇 시리즈 소설에서 로봇 3원칙을 제시한 바 있으며 다음과 같다.

제1원칙, 로봇은 인간에게 해를 입혀서는 안 된다. 위험에 처한 인간을 모른 척해서도 안 된다.
제2원칙, 제1원칙에 위배되지 않는 한 로봇은 인간에게 복종하여야 한다.
제3원칙, 제1, 2원칙에 위배되지 않는 한 로봇은 로봇 자신을 지켜야 한다.

이는 로봇은 인류에게 해를 끼쳐서는 안 된다는 의미이다.

비록 이러한 3원칙이 소설에서 제시된 것이지만 지금까지 로봇이 지켜야 할 중요한 절대 원칙으로 여겨져 오고 있다. 그런데 인류가 과연 이러한 원칙을 끝까지 지켜 갈 수 있을지는 지켜봐야 할 것이다. 로봇이 곳곳에서 사람을 통제하는 세상이 올 수도 있다.

(4) 스마트 팩토리

스마트 팩토리는 디지털 트윈을 생산 현장에서 구현하는 것을 목표로 한다.

디지털 트윈은 생산 설비, 기계, 제품, 로봇 등 생산 현장을 구성 요소들과 똑같은 3차원 시스템으로 컴퓨터에서 재현하는, 말 그대로 사이버 쌍둥이를 의미한다. 즉, 현장에서 가동되는 상황이 컴퓨터에서 3차원 그래픽에 의해 실시간 동영상으로 똑같이 구현된다. 이는 현장 설비마다 장착된 카메라, 온도, 압력, 진동, 분진, 적외선, 초음파 등 무수한 센서로부터 보내오는 빅 데이터에 의해 표현이 가능하다.

따라서 현장에서 발생하는 모든 데이터가 센싱되어 실시간 컴퓨터로 전달되어 현장에 직접 사람이 가지 않아도 컴퓨터 화면에 현장이 어떻게 가동되고 있는지 가시화되어 손바닥 보듯이 매 순간 상황을 파악할 수 있다.

모든 공정에서 각종 정밀한 데이터가 실시간 센싱되어 중앙 컴퓨터로 보내지고 쌓여 감에 따라 인공 지능은 이들 데이터를 학습, 훈련하면서 점점 똑똑해져 간다. 그리고 이들을 분석하여 제품 불량이나 장비 고장 또는 생산성 저하 요인 등을 사전에 탐지하고 데이터에 이상 징후가 발견되면 원격 제어로 방지하며 관리하여 불량 제로와 생산성 극대화를 달성할 수 있다.

디지털 트윈의 강력한 능력은 생산 현장의 상황이 앞으로 어떻게 진행되어 갈지 미래 상황을 컴퓨터 시뮬레이션으로 예측할 수 있는 것이다. 계속해서 안정된 상태에서 생산이 진행될지 아니면 점차 불안정한 상황이 되어 어느 시점에서 불량이 쏟아져 나올 것인지를 예측하고 대비할 수 있는 과학적인 운영이 가능하다.

또한 설계에서부터 생산, 물류, 적재, 관리, 판매, AS 등에 이르기까지 전 주기 과정을 빅 데이터와 인공 지능 기반으로 완벽하게 관리할 수 있다.

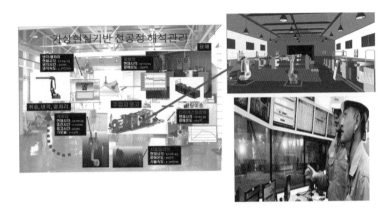

〈 그림 4-7 생산 현장의 디지털 트윈 〉

(5) 스마트 팜

많은 젊은이가 ICT 기술의 붐에 힘입어 귀농하여 부가 가치가 높은 작물들을 재배하여 큰 소득을 올리는 사례가 늘어나고 있다. 특히 최근에는 온실 딸기를 재배하여 생산성을 극대화하고 소득을 크게 창출하는 성공 사례가 늘어나고 있다.

농촌 비닐하우스에서는 온도, 습도, CO_2, 미세 먼지, 일사량, LED 조사량, 토양의 성분 등의 각종 데이터를 센싱하거나 분석하여 특정 작물에 맞는 최적의 환경을 실시간 유지하고 원격 조정으로 무인 재배를 하여 양질의 작물 생산을 계절과 상관없이 극대화하는 스

마트 팜을 운영하고 있다. 더 나아가 농진청과 같은 공공 기관이 일
정 지역의 모든 농가를 대상으로 통합 네트워크를 구축하여 쌓인 빅
데이터를 통합 관리하며 농가마다 적정 작물을 재배하도록 추천, 지
도하고 농가끼리 데이터를 공유하기도 하며 재해, 가뭄 등의 대책이
나 과잉 생산으로 인한 가격 폭락 등을 예측하여 지도하는 등 공동
전선을 펼치므로 농가에 많은 유익을 주고 있다.

  인공 지능의 발전으로 논밭에서 무인 트랙터가 일을 하고 드론으
로 작물의 건강 상태를 하늘에서 관리하며 농약을 살포하고 협동 로
봇이 사람과 협력하여 작물을 재배하는 등 농가의 스마트화가 진행
되고 있다.

〈 그림 4-8 스마트 팜 〉

(6) 스마트 시티

  도시 전체를 데이터 기반으로 인공 지능과 빅 데이터, 사물 인터
넷으로 통제, 운영하는 스마트 시티가 우리나라 세종시를 비롯하여
많은 나라에서 추진되고 있다.

가장 대표적인 스마트 시티 사례는 싱가포르의 스마트 시티 구현을 위한 '버츄얼 싱가포르 프로젝트'이다. 싱가포르 전 국토를 컴퓨터에서 3차원 가상 공간으로 현실과 똑같은 쌍둥이, 즉 디지털 트윈으로 구현하고 도시의 전기, 교통 등 필수 인프라와 기상 정보, 인구 통계, 시설물 등 건물 내부까지 데이터화한 뒤 슈퍼컴퓨터 내에 구축하여 실시간 모니터링하고 도시의 전반적인 활동 및 가동 상황을 예측함으로써 도시 계획 및 운영을 효율화하는 것이다.

도시의 모든 움직임을 포착하고 도시에서 일어나는 모든 일을 CCTV와 각종 센서를 이용하여 실시간 추적한다. 모든 건물이 3차원 모델링되고 스마트 미터링을 통해 건물의 실시간 에너지 사용량 데이터를 모니터링하고 이를 빅 데이터와 인공 지능으로 분석한다.

건물 옥상이 흡수하는 일사량을 컴퓨터 시뮬레이션으로 분석함으로써 태양광 발전량을 정확하게 예측하며 건물을 짓기 전에 사전에 건물 전체가 에너지를 얼마나 사용할 것인지를 예측할 수 있고 건물이 건설됨에 따른 도시의 환경 변화도 사전에 검토하여 도시를 설계함으로써 에너지 자립형 쾌적한 스마트 시티를 구현하고 있다.

〈 그림 4-9 싱가포르 스마트 시티 〉

4-4 초연결, 스마트화된 사회

(1) 초연결, 스마트 기술

인류의 과학 기술은 자연의 원리를 모방하여 발전해 왔다고 해도 과언이 아니다.

예를 들면 비행기는 새의 비행 원리를 응용하였고 습도 조절 센서는 습도에 따라 껍질 색깔이 변하는 딱정벌레를 응용하였으며 벌집의 육각형 구조는 최소의 크기와 부피로 최대의 면적을 얻는 구조물에 응용되었다. 인공 지능도 인간 뇌의 기능을 모방한 신경망 구조가 응용되면서부터 비약적인 발전을 이루는 계기가 되었다.

스마트한 사회를 구성하는 핵심적인 기술은 클라우드 컴퓨팅과 각종 정밀 센서, 센서를 통해 얻어지는 빅 데이터, 데이터 기반의 인공 지능, 초고속 무선 통신, 초고속·초소형·초절전 반도체 등이다.

이러한 핵심 ICT 기술을 근간으로 하는 지능형 로봇, 스마트 홈, 스마트 팩토리, 자율형 자동차, 스마트 팜 등 모든 스마트한 환경이 우리 주위로 점점 가까이 다가오고 있다.

스마트한 기술은 인체의 기능을 비유하여 그림 4-10과 같이 설명할 수 있다.

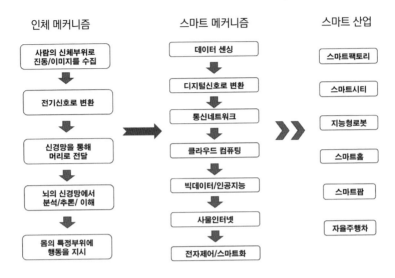

인체 메커니즘	스마트 메커니즘	스마트 산업
사람의 신체부위로 진동/이미지를 수집	데이터 센싱	스마트팩토리
전기신호로 변환	디지털신호로 변환	스마트시티
신경망을 통해 머리로 전달	통신네트워크	지능형로봇
뇌의 신경망에서 분석/추론/ 이해	클라우드 컴퓨팅	스마트홈
몸의 특정부위에 행동을 지시	빅데이터/인공지능	스마트팜
	사물인터넷	자율주행차
	전자제어/스마트화	

〈 그림 4-10 스마트 산업의 메커니즘 〉

사람 신체의 행동하는 원리를 간단히 생각해 보자. 귀나 눈으로 어떤 소리를 듣거나 사물을 보면 소리나 이미지를 전기 신호로 변환하여 신경 조직을 통해 머리로 전달하고 뇌의 신경망에서 이를 분석하여 이해하게 된다. 그리고 몸의 특정 부위에 행동을 지시하게 된다. 눈이나 귀로 인지하고 머리로 판단하며 신체의 각 부분으로 제어하는 인지-판단-제어의 메커니즘이다.

스마트 기술도 이와 같은 인지-판단-제어의 메커니즘으로 작동을 하게 된다. 이 메커니즘의 핵심 역할을 수행하는 것이 AP이다.

스마트폰과 자율 주행 자동차의 두뇌가 되는 시스템 반도체(ASIC, SoC 반도체)를 AP (Application Processor)라고 부른다. AP 안에는 인공지능 신경망 칩(NPU)과 병렬 연산 칩(GPU), 중앙 처리 칩(CPU), 이미지 처리 장치(ISP), 메모리 칩(DRAM), 통신 모듈 등으로 구성되어 있다.

AP는 자율 주행 자동차를 예로 들면 센서 신호로 교통 상황을 인지하고 순간순간 인공 지능으로 판단하고 브레이크, 액셀 등을 제어하여 운전을 하며 슈퍼컴과 고속 통신하는 인지-판단-제어의 두뇌 역할을 담당한다. 마치 사람이 눈으로 보고 귀로 듣고 머리로 판단하여 몸의 각 부위에 명령하여 행동하는 것과 같은 원리이다.

　반도체 선폭 제조 기술이 5나노, 3나노 등 극미세 기술로 광속의 연산 속도와 무한한 데이터 저장 능력, 초절전, 초소형으로 눈부시게 발전하고 있다. 이러한 초소형, 초절전, 고성능 반도체로 설계된 기판의 AP가 탑재됨으로써 인공 지능 AP가 사물 곳곳에 내재되어 지능을 갖게 되고 모든 사물이 스마트화, 지능화되면서 고도의 서비스를 할 수 있게 된다. 이는 일상에서의 삶에 환상적인 세계가 펼쳐지는 것을 의미한다.

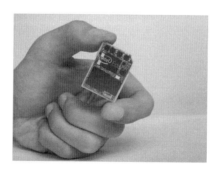

〈 그림 4-11 초소형 컴퓨터 칩 〉

　사물에서 영상이나 온도, 압력, 소리 등의 데이터를 센서로 인지하면 이를 디지털 신호로 변환하고 통신 네트워크를 통해 컴퓨터로 송신한다. 컴퓨터에서는 빅 데이터 분석이나 AI 학습, 추론 기술로 이를 판단하고 사물에 명령을 전달하거나 직접 제어한다. 이 과정이 스마트 기술의 구동 메커니즘이다.

이미 우리 문 앞에 와 있는 AI가 더욱 발달할수록 AI를 기반으로 하는 초연결 사회가 사회 모든 곳에 빠르게 퍼져 나갈 것이다. 그 과정을 살펴보면 다음과 같다.

-거대한 AI 클라우드 슈퍼컴이 도심 한가운데 자리한다.

⇩

- 삶의 구석구석에 있는 정교한 센서들이 사물들에 내재되어 모든 유형의 데이터를 쉴 새 없이 센싱하며 클라우드 슈퍼컴퓨터로 보낸다.

⇩

- 클라우드 슈퍼컴은 24시간 쉬지 않고 필요한 데이터를 정제하며 학습을 진행하고 AI는 지속적으로 발전해 간다.

⇩

- 모든 사물은 초고속 무선 통신으로 슈퍼컴과 네트워킹되며 필요할 때마다 사물에 내재된 초소형 고성능 컴퓨터의 AP를 업데이트하며 사물의 지능을 발전시켜 나간다.

⇩

- 모든 사물이 내재된 컴퓨터의 통제로 제어되며 주어진 미션을 수행한다. 모든 사물이 무선 네트워킹되어 AI의 지시에 따라 작동하는 초연결된 사물 인터넷 시대로 나아간다.

(2) 스마트한 사회의 사례, 스마트 홈

예를 들어 집의 경우를 살펴보자. 세탁기, 냉장고, 에어컨, 가습기, 오븐, 밥솥, 전자레인지, TV, 공기 청정기, 창문, 현관문, 청소기, 목욕탕의 거울, 욕조 등 모든 사물의 내부에 초소형 AI 컴퓨터가 탑재될 수 있다. 그러면 사물이 스마트화되어 제각각 독자적인 지능이 생긴다.

가정에서의 일과를 예로 들어 본다.

한여름에 거실, 침실, 부엌에서 밤새 돌아가던 에어컨이 새벽에 온도, 습도를 감지하고 자동으로 정지되며 창문을 열어 환기를 시킨다. 날이 너무 더워서 온도가 올라가면 문을 자동으로 닫고 다시 에어컨을 가동한다. 저녁에 맞춰 놓은 알람은 교통 및 날씨 정보에 접속하여 출근 시간에 맞게 적정 시간에 울리며 도로 사정과 날씨를 음성으로 알려 준다.

욕실에서 거울 앞에 서면 거울이 얼굴과 온몸을 스캔하고 얼굴이 붓지 않았는지 체온이 높지 않은지 등 건강 상태를 체크하여 알려 주고 세면을 하거나 미리 맞춰진 온도의 욕조에서 목욕을 하는 동안 관심 있는 뉴스를 화면에 보여 준다.

아침 식사를 위해 냉장고 앞에 서면 큰 화면으로 내용물과 신선 상태 등을 알려 주고 떨어진 찬거리들이 있으면 AI가 직접 마트에 필요한 식자재를 택배 배달로 주문한다.

부엌의 벽에는 컴퓨터 화면이 있고 오늘의 날씨, 계절, 주인의 기호, 어젯밤의 음주 여부 등에 따라 기호에 맞는 음식을 골라서 냉장고 내용물과 연동하여 추천해 주고 음식의 조리 방법을 알려 준다.

전기밥솥에 밥은 이미 준비되어 있고 전기 오븐과 전자레인지, 믹서, 조리 도구 등이 컴퓨터와 네트워킹되어 선택한 음식의 재료를 안에 넣으면 적당한 조건으로 시간과 온도 등을 조절하여 알아서 조리를 한다.

식사를 하고 식기류를 식기세척기에 넣어 놓고 나서 출근 준비를 하기 위해 옷장 앞에서 문을 열면 문에 있는 컴퓨터 화면에서 계절과 날씨에 맞춰 적당한 옷을 추천해 주고 옷을 입은 상태를 화면으로 보여 준다. 집을 나서면 주차장에 이미 시동이 걸려 있는 차에 탑승하여 출근을 한다.

주인이 외출하면 로봇 청소기가 작동을 시작하여 모든 방을 구석구석 청소를 하고 비가 오거나 바람이 많이 불면 창문을 닫기도 하고 공기 청정기를 작동시키며 주인이 들어올 때까지 쾌적하고 청결한 상태를 유지한다.

컴퓨터가 내장되어 있는 냉장고나 TV 등에 인공 지능 반도체가 내장되어 있어 허브 역할을 수행한다. 허브가 AI 비서 역할을 하며 밖으로는 클라우드 컴퓨터와 무선 통신으로 네트워킹되어 있고 집에서는 가정 내 모든 사물과 통신 연결되어 집주인과 또는 서빙 로봇과 수시로 대화하며 최적의 조건으로 가동한다.

부재중 방문자가 있으면 현관 도어 록이 방문자의 신상을 알려 주고 문을 열어 주거나 잠글 수 있고 오늘의 방문자 목록을 알려 주기도 한다.

한 걸음 더 발전하여 집의 모든 데이터가 클라우드 슈퍼컴에 쌓여 가면 인공 지능이 집주인의 삶의 패턴을 완전하게 학습하여 주인의 지시가 없어도 인공 지능이 알아서 모든 상황을 최석으로 관리하는 스마트 홈으로 발전한다.

이 같은 간단한 사례처럼 스마트 홈에서는 사람이 아침에 일어나서 세수하고 밥을 먹고 옷 입고 외출하고 집에 돌아와서 쉬며 잠자리에 들기까지 사람의 생활 패턴을 인공 지능이 학습하여 인공 지능 비서로서 마치 오래된 충직한 하인과 같이 서비스를 수행하며 모든 삶을 편리하게 바꾸어 놓는다.

집에서부터 시작된 스마트화는 도로, 공장, 가정, 농촌 등 모든 삶의 영역으로 확장되며 더 나아가 도시 전체가 인공 지능이 운영하는 스마트 시티로 확장되어 사람에게 편리한 환경을 제공할 것이다.

앞에서 얘기한 테슬라의 대형 슈퍼컴 '도조'가 있듯이 사회 전체를 스마트화하기 위해서는 도조 컴퓨터와 같은 규모의 몇십, 몇백 대를 연결한 거대한 슈퍼컴퓨터가 있어야 한다. 이미 아마존, 구글, 페이스북, 애플, 마이크로소프트와 같은 거대 공룡 IT 회사는 이러한 거대 컴퓨터 팜(Farm)을 세계 곳곳에 구축하여 어마어마한 규모의 데이터를 실시간 저장하며 광속의 계산으로 학습하며 인공 지능을 경쟁적으로 발전시켜 가고 있다.

〈 그림 4-12 스마트 홈 〉

(3) 위성 인터넷 시대로 진입

지금까지는 하늘의 위성들과 땅 위의 기지국들, 해저 광케이블을 연결하는 무선 통신 모바일 인터넷 서비스 시대에 살았으나 점차 위성 인터넷 시대로 전환되어 갈 예정이다.

지구 인류 77억 명 중 37억 명 이상이 아프리카나 아시아 오지에서 인터넷에 소외된 삶을 살고 있다. 거대 IT 기업인 페이스북이나 아마존에서 비행선을 띄워 오지에 인터넷 서비스 보급을 추진한 적은 있으나 실용화되지는 못하였다.

테슬라에서 'Star Link' 사업으로 팰컨 로켓이라는 재사용 가능한 로켓을 발사하여 한 번에 수십 개의 소형 저궤도 위성을 지속적으로 띄우고 있으며 1차로 12,000대의 로켓을 띄우는 목표로 현재 3,000여 개의 로켓을 발사하였고 궁극적으로 최대 42,000대의 위성용 로켓을 전 지구의 낮은 궤도에 올려놓는 것을 목표로 진행하고 있으며 아마존도 유사한 사업을 시작하고 있다.

무수한 저궤도 위성을 띄우는 한편 땅 위에서는 점차 빠르게 설치되고 있는 전기 차 충전 시설을 기지국으로 사용하여 인터넷 통신을 하는 방향으로 발전하고 있다. 이렇게 함으로써 아프리카나 오지에 있는 많은 사람이 위성 안테나만 있으면 인터넷을 사용할 수 있고 항공기나 선박 등도 하늘과 바다에서 빠른 초고속 인터넷을 사용하는 것이 가능해진다. 온 세상이 인터넷으로 하나로 연결될 수 있는 환경이 구축되는 것이다.

이는 지구상의 모든 국가와 도시, 농촌 등이 인터넷으로 연결되는 네트워크 사회가 되는 것을 의미하며 모든 사람이 어디에서나 인터넷 기반의 자율 주행 자동차와 사물 인터넷, 인공 지능 등 첨단 기술을 활용할 수 있는 4차 산업혁명의 무한 확산 시대로 본격적인 진입이 이루어지는 것을 의미한다. 이번에 러시아의 우크라이나 침공에서 테슬라가 우크라이나에 위성 안테나를 공급하여 전시 인터넷을 지원해 준 것이 대표적인 사례이다.

(4) 우려되는 통제된 삶

스마트한 사회는 모든 사물과 시스템이 초연결되는 시스템화, 지능화를 통해 사람들에게 이상적이고 편리한 환경을 제공해 줄 것이며 개인별 특성을 데이터화하여 맞춤형 서비스를 제공해 줄 것이다.

그런데 인공 지능은 과연 우리에게 행복한 서비스만을 제공해 줄 수 있을까? 전문가들은 "AI가 인간보다 1조 배가량 영리해지는 것은 시간문제다!"라고 말한다. 무서운 말이 아닐 수 없다. AI를 만든 것도 이를 사용하는 것도 인간이기 때문에 만일 누군가 개인적 야망과 목적을 위해 AI를 악용하는 것을 생각할 수 있다. 따라서 이를 예방할 장치를 만드는 것이 가장 시급하고 중요한 과제이다.

AI의 특징은 개개인을 선별해서 조종할 수 있고 사람이 이를 인식조차 하지 못할 가능성이 크다는 것이다.

예를 들어 AI는 개인 맞춤형으로 특정 주파수나 소리로 잠이 잘 오는 환경을 학습해서 불면증 환자에게 제공해 줄 수 있다. 같은 방식으로 개인별 감성과 관련된 주파수나 소리의 빅 데이터가 축적되면 AI가 이를 학습하여 사람들의 기분을 좋게 하거나 화나게 할 수 있는 것도 가능하다. 만일 이런 AI 기술이 누군가의 손에 들어간다면 얼마든지 개인의 사욕과 목적에 이용될 수 있는 영화 같은 일이 일어날 가능성은 얼마든지 있다. 내 마음은 원하지 않는데 내 의지와 상관없이 특정 주파수나 소리로 내 감정을 통제하는 일이 일어난다면 이는 무서운 일이 아닐 수 없다.

시끄러운 아이들을 조용히 시키기 위해 개인 맞춤형으로 아이들의 성격을 순화시킬 수 있는 환경을 AI를 이용해 조성한다면 아이들의 성격을 마음대로 개조할 수도 있을 것이다.

무엇보다 영화 「이글 아이」처럼 도심 한가운데 있는 클라우드 AI 슈퍼컴이 특정한 목적과 의도를 가지고 초연결화된 사회를 통제하기 시작한다면 이는 절대 권력화가 될 가능성을 배제할 수 없게 되며 개인적인 자유를 억압할 수 있는 무서운 수단이 될 수 있다.

AI는 분명 인류의 능력을 무한하게 끌어올릴 잠재력을 가진 것은 분명한 사실이다. 그러나 한편으로는 강력한 통제로 당초 만들어진 취지를 벗어나 다른 용도로 남용되지 않도록 방지해야만 한다.

로봇의 3원칙과 같이 AI도 지구의 모든 인류와 국가가 합의하는 대원칙을 세워서 운영해야만 한다.

FDA가 신약 개발의 관리 감독권을 가지고 허가 승인 과정을 통해 국민 건강을 보장하며 항공기의 안전 운항을 위한 관리 감독권을 국토부가 담당하여 운항 안전을 보장하듯이 인공 지능과 초연결 사회를 구축하고 운영하는 과정을 관리 감독하는 권한을 가진 범지구적 기관이 UN 산하에 설치, 운영되어야 할 필요성이 높아지고 있다.

⟨ 5 ⟩
메타버스의 시대

5-1 메타버스란?

　코로나19 팬데믹이 장기간 지속되면서 인류의 생활 패턴도 전례 없이 급격히 변화되고 있다. 비대면 활동이 주류가 됨에 따라 재택 근무와 영상 회의, 비대면 원격 교육, 상품 택배 주문, 온라인 게임, 영화 스트리밍 등이 일상화되고 있고 관련 산업들도 크게 성장해 가고 있다.

　팬데믹이 종료되더라도 한번 비대면 사회의 편리성과 효율성을 경험한 인류는 더 이상 과거로 돌아가기 어렵게 되었다.

　생활 환경의 급격한 변화 속에도 변함없이 요구되는 사회적 활동과 근본적 삶의 욕구를 충족하기 위한 수단으로 새롭게 대두되는 기술이 메타버스이다.

　메타버스는 가상 공간에서 구현되는 초현실 사회라는 의미로 가상을 뜻하는 Meta와 우주를 뜻하는 Universe의 합성어이다.

　메타버스가 인류의 생활 패턴을 완전히 새롭게 바꾸어 놓을 것이라고 모두가 이야기하고 있다. 팬데믹으로 인해 예기치 않게 메타버스가 우리의 삶에 빠르게 가까이 다가온 것이다.

메타버스는 우리가 지금까지 익숙했던 가상 현실과는 본질적으로 다른 기술이다.

가상 현실 기술은 그동안 증강 현실과 혼합 현실을 거쳐서 메타버스를 향해 발전해 가고 있다.

표 5-1에 각종 가상 현실 기술의 특징을 기술하였다. 네 가지 모두 헤드셋을 통해 작동된다.

〈 표 5-1 각종 가상 현실 기술의 특징 비교 〉

가상 현실	증강 현실	혼합 현실	메타버스
컴퓨터가 만든 상상의 세계를 체험한다.	현실 공간과 사물의 디지털로 만든 물체를 추가 또는 덧입혀서 원하는 최종 형태를 가상과 현실이 하나가 되어 만든다. 포켓몬고 게임이 대표적이다.	현실 공간의 사물과 가상 공간에서 만든 사물이 실시간 서로 움직이며 상호 작용을 한다. 예로 가상 공간의 권투 선수와 서로 시합을 할 수 있다.	플랫폼 공간 안에서, 모든 사람이 한 공간 안에서 가상·증강·혼합 현실을 기반으로 상호 작용을 하며 물리적 활동을 할 수 있다.

메타버스는 가상 현실 기반으로 운영되지만 현실과 가상이 실감나게 실시간 연동되어 어느 것이 현실이고 어느 것이 가상인지 분간하기 어렵게 상호 작용을 하며 융합된 새로운 세계와 서비스를 제공해 준다.

가상 플랫폼 공간 안에서 사람마다 헤드셋을 착용하고 시공간을 초월하여 서로 만나서 회의를 하고 오락을 즐기고 단체 행사를 하며 여행을 하는 등 각종 활동을 경험할 수 있다. 가상 공간에서 모든 소통과 활동이 가능해지는 초연결 세상이 열리며 이는 현실 세계와 서로 연동된다.

초고속 무선 통신 기술과 클라우드 컴퓨팅, 각종 첨단 센서의 실용화, 초고속 대용량 반도체 칩의 발달, 빅 데이터, 인공 지능의 발달에 따라 이들 첨단 ICT 기술을 근간으로 현실과 가상을 융합하여 생동감 있게 몰입하고 체험하는 메타버스의 세계가 열리는 것이다.

메타버스는 디바이스인 고글 헤드셋(Goggle Headset)을 착용해야 한다. 또는 컴퓨터 안에서 구현될 수 있다. 그래서 디바이스가 중요하다.

가상과 현실이 디바이스 안에서 소프트웨어적으로 통합되어 상호 작용하며 일체감을 제공하게 된다. 고글 안에서 자율 주행 자동차처럼 고성능 인공 지능 반도체 시스템을 탑재하여 지능을 구현하기에는 제약이 있으므로 클라우드 슈퍼컴과 5G 무선 통신을 통해 데이터와 S/W를 고속으로 내려받아 작동하게 된다.

MS 홀로렌즈   Apple 헤드셋   메타 헤드셋

〈 그림 5-1 고글 헤드셋 〉

과거에는 느린 통신 속도로 인한 데이터 지연 현상으로 일체감을 제공하는 데 한계가 있었지만 5G가 실용화되면서 데이터를 즉시 내려받고 현실과 가상이 실시간으로 하나가 되어 상호 작용을 하는 초

저지연 성능이 가능하게 되었다. 통신 속도의 발전이 메타버스의 기술이 상용화되는 데 기폭제 역할을 하게 된 것이다.

메타버스용 고글은 AI 전용 고성능 칩과 GPU, 고성능 센서, 5G 모듈, DRAM 등이 탑재되어 있는 고성능 웨어러블 컴퓨터이며 사용자와는 음성과 손끝 또는 눈동자의 움직임으로 소통하며 서비스를 구현할 수 있다. 향후 기술의 발전과 더불어 고글은 홀로그램 등의 첨단 디바이스로 발전해 갈 것이다.

메타버스는 오래전에 크게 인기를 끌었던 「매트릭스」라는 영화를 연상하게 한다. 이 영화는 사람의 뇌 속에서 컴퓨터 프로그램으로 연결된 가상 공간의 세계에 인간이 몰입하여 악의 세력과 싸우는 내용인데 어디가 현실이고 어디가 가상인지 모를 정도로 가상과 현실이 하나가 되어 상황이 긴박하게 전개된다.

가상 세계 속에서 사람들이 현실감 있게 서로 소통할 수 있게 함으로써 메타버스는 2차원 인터넷 다음 세대의 3차원 플랫폼으로 불린다. 메타버스 플랫폼 안에서 현실의 모든 사물과 가상 공간의 모든 사물이 혼합되고 상호 작용하여 동일 공간 안에서 3차원적 소통을 할 수 있게 한다.

과거에는 물건을 구매할 때 직접 매장에 방문하여 구매를 하고 인터넷에서 온라인 쇼핑을 할 것이라고 아무도 생각하지 못했지만 지금은 인터넷 쇼핑이 우리의 삶 속에 대세로 자리 잡아 가고 있듯이, 지금은 메타버스가 차세대 플랫폼이라는 말을 실감하지 못하지만 언젠가 우리의 삶 속에 경제와 사회 및 기술 활동이 메타버스를 떠나서는 생각할 수 없는 시대가 곧 올 것임을 많은 전문가가 말하고 있다.

메타버스는 사람과 사람이 대면하지 않고 동일한 플랫폼 컴퓨터 공간에서 비접촉으로 만나서 대화하고 업무를 처리하며 회의, 게임, 여행을 하는 등 각종 가상 활동에서부터 공장에서 현실과 똑같은 가상 세계를 구현하고 시뮬레이션으로 예측하고 장비를 제어함으로써 실제 공정을 최적화할 수 있는 디지털 트윈 등 다양한 활동이 가능하다.

각 회사 구성원이 집에 있으면서 가상 공간에서 실제 회사의 회의실과 똑같이 만들어진 회의실에 아바타로 들어와 앉아서 벽에는 빔 프로젝터를 켜 놓고 회의 내용을 발표자 아바타가 발표하면서 질의 응답을 하는 등 현실과 똑같은 회의를 진행할 수 있다. 중간에 어떤 개발 제품에 대해 토의할 일이 있으면 제품의 3D 모델링을 파일에서 끌어와 회의실 중앙에 띄워 놓고 함께 보면서 회의를 진행할 수 있다. 생산 현장의 실시간 가동 상황을 중앙에 띄워 놓고 회의를 진행하며 현장에 있는 엔지니어가 회의실에 아바타로 들어와서 함께 상황 보고를 하며 회의를 진행할 수도 있다.

메타버스 플랫폼은 팬데믹 시대에 우리가 익숙하게 사용하고 있는 줌(Zoom) 플랫폼과는 그 차원이 다르다. 줌으로 하는 영상 회의는 인터넷으로 지구의 모든 곳에서 소통할 수 있는 편리함이 있지만 현장에서 직접 참여하는 것과는 거리가 먼 답답함이 있다.

코로나19 팬데믹으로 인하여 국제, 국내 행사들이 취소되는 등 그동안 사회 활동이 급격히 위축되어 왔다.

바다 건너 어느 곳에 있든지 메타버스 안에서 창출되는 하나의 가상 공간에 모여 마치 현장에 있는 것처럼 회의를 하고 국제 학술 대회, 공연, 모임, 정치 집회 등의 활동을 하며 심지어는 예배까지 드릴 수 있다는 것은 완전히 새로운 세계가 도래함을 말해 준다.

그동안 오프라인에서 모이기 힘들었던 각종 장애물이 사라지고 언제 어디서나 함께 모여 각종 활동을 하는 것이 용이해짐에 따르는 새로운 생태계가 열리며 초연결 세계로의 잠재력은 무궁무진하다고 할 수 있다.

5-2 디지털 트윈

디지털 트윈은 말 그대로 현실과 똑같은 쌍둥이를 가상 세계에 구현하여 현실 세계의 연속 동작을 가상 공간에서 실시간으로 그대로 재현하는 기술이다. 이를 위해 현실의 데이터가 초고속 통신으로 가상의 쌍둥이 공간에 실시간 전달되는 것이 중요하다. 데이터가 지연되면 가상 공간에서의 몰입감이 떨어지고 현실감 있는 구현을 하기 어렵게 된다.

영화 「아이언맨 3」에서 토니 스타크는 자신의 연구실에 있고 그가 만든 로봇들이 실제로 적과 치열한 전투를 벌이는데, 토니가 연구실에서 가상 공간의 홀로그램 아이언맨으로 들어가 똑같이 구현되는 가상 환경 속에서 실제로 전투하는 것같이 원격 조종을 하면 아이언맨은 조종하는 대로 움직인다. 아이언맨이 땅에 추락하여 부서졌을 때 로봇 속에는 아무것도 보이지 않는다. 토니는 로봇 속에 있지 않고 먼 곳에서 원격 조종을 하여 현실이 가상 공간에서 조종하는 대로 움직인 것이다. 이것은 디지털 트윈, 최첨단 기술의 극치를 보여 준다. 물론 이 기술이 상용화되기에는 다소 시일이 걸릴 것이지만 이 영화는 가상과 현실 세계의 융합인 디지털 트윈을 설명할 수 있는 사례이다.

가상 공간에서 음성이나 손짓으로 사물에 명령하면 현실 세계의 사물이 그대로 실행되는 원격 조종이 가능하다.

서울 자동차 본부에 있는 직원이 컴퓨터 또는 고글을 착용하고 울산에 있는 생산 라인을 컴퓨터로 불러오면 현재의 공장 가동 상황이 가상 공간에서 데이터와 함께 동영상으로 제공된다. 마치 직원이 현장에 있는 것처럼 느끼면서 사람과 현장이 디지털 트윈으로 하나로 통합되어 움직인다. 원격으로 장비를 조종하기도 하고 그 결과를 현장에 있는 것처럼 확인할 수 있다.

전기 자동차의 선두 주자인 테슬라는 자율 주행 자동차를 훈련시키기 위해 차량 주위에 장착된 8개의 1억 화소 이상의 고해상도 카메라를 이용하여 도로 상황을 촬영한 후 이를 합성하여 파노라마 형태로 현실과 똑같은 3차원 가상 공간(벡터 공간)에 시간을 더한 4차원 동영상으로 구현하였다. 그리고 이것은 가상 세계에서 다양한 교통 상황을 마치 현실에서 일어나는 것같이 임의로 구현하여 컴퓨터를 학습, 훈련시키며 심지어 현실에서 잘 일어나지 않는, 예를 들어 도로에서 곰이 지나가는 것과 같은, 희귀한 경우들도 가상 공간에서 만들어서 자동차가 이런 상황에 어떻게 대응해야 할지를 컴퓨터에 가르치고 학습, 훈련시킬 수 있다.

이같이 현실과 똑같은 가상 세계를 컴퓨터 공간에 디지털 트윈으로 구현하고 현실에서 일어나는 물리적 현상과 변화를 가상 세계에서 같은 법칙으로 작용시켜 실감 나는 환경을 구성할 수 있다. 예를 들면 자동차 충돌 시험에서 충돌 시 마네킹이 파손되는 형태도 물리법칙을 적용하며 가상 시뮬레이션을 하여 시험할 수 있다.

디지털 트윈은 현실과 똑같은 사이버 환경에서 아직 현실에서 일어나지 않은 상황, 예를 들면 여름 장마철 강의 범람 등과 같은 상황을 임의로 만들어 가상에서 시뮬레이션을 함으로써 그 결과를 예측하고 미래에 대처할 수 있는 목적으로 활용될 수도 있다.

5-3 세컨드 라이프

　고객이 집에서 고글을 착용하고 가상 대형 쇼핑몰에 들어가 마치 쇼핑몰에 와 있는 것과 같이 에스컬레이터를 타고 모든 층을 다니며 매장을 방문하고 대기 중인 판매 점원 아바타와 대화를 하며 진열대를 둘러보고 상품을 선택하고 가상 공간에서 디지털 코인으로 결제를 하면 상품이 집으로 배송되는 메타버스 매장을 생각해 보자. 아마도 메타버스 내의 전자 상거래 파급력은 어마어마할 것이고 기존의 온라인 구매를 빠르게 대체할 것이다.

　자율 주행 자동차 안에서 차는 자율 주행을 하고 운전자는 고글을 착용하고 가상 쇼핑몰을 마음대로 다니며 상품을 살펴보고 구매를 하다 보면 차는 어느새 목적지에 도착해 있고 조금 지나면 로봇이 상품을 집에 배달해 주는 상황을 상상해 보자. 환상적이지 않을 수 없다.

　2003년 필립 로즈데일(Philip Rosedale)이 가상 현실에서 세컨드 라이프를 구현하는 플랫폼을 구상하여 많은 사람의 관심을 끌었으나 콘텐츠의 부실로 오래가지 못하고 사라졌는데 이는 지금과 같은 ICT 기술 인프라가 잘 갖춰지지 못한 것이 큰 원인이었다.

　메타버스 시대에는 세컨드 라이프가 본격적인 전성기를 맞이할 것으로 기대된다.

　가상 현실에서 자신을 닮은 아바타를 만들고 상상의 나래를 펼쳐 어디든지 이동하면서 원하는 것을 무엇이든 경험할 수 있다. 운동선수가 되어 경기장에서 야구, 농구, 수영 등을 마음대로 즐길 수 있고 영화관에 들러 보고 싶은 영화를 마음대로 관람하며 만나고 싶은 사람들이 가상의 동일 공간에서 서로 아바타로 만나며 집을 원하는 대로 인테

리어를 해 보기도 하며 바닷가, 산 정상 등 어디든지 이동하며 또 다른 제2의 현실 속에서 삶을 날마다 마음껏 즐기며 살아갈 수가 있다.

가상 공간에서 유럽 각국을 다니며 박물관이나 성당, 고성 등을 실제 관광을 하듯이 마음껏 즐길 수 있고 라인강을 산책하며 알프스 산맥을 등산할 수도 있다. 물론 정교하게 만들어진 콘텐츠가 전제되어야 한다.

또한 학창 시절의 나를 닮은 아바타 모습으로 타임머신을 타고 젊은 시절로 돌아갈 수 있다. 그곳에는 동일한 관심을 가진 동창들이 각자의 아바타로 가상 공간에 들어온다. 그곳에서 함께 학교 정원을 거닐기도 하면서 옛 추억을 나누며 그곳에 들어온 옛 모습 그대로의 연인을 감격 속에 만나기도 한다.

강의실에 들어가니 옛 은사가 그곳에 들어오셔서 반갑게 인사를 나누고 옛날의 강의를 다시 들을 수 있다. 즐겨 가던 음식점, 당구장에 들어가 옛날을 회상하며 친구들과 함께 어울릴 수도 있다. 주변의 모든 환경은 투박한 그래픽이 아니고 디지털 고해상도로 촬영한 디지털 데이터를 3D로 가상에서 그대로 구현한 것이기 때문에 마치 현실에 서 있는 것과 같은 일체감을 느낄 수 있는 것이 과거와의 큰 차이점이다. 마치 타임머신을 타고 과거로 돌아간 것같이 꿈같은 경험을 할 수 있는 것이다. 얼마나 놀라운 일인가!

어떻게 이 모든 것이 가능할까? 앞에서 언급한 것과 같이 최근 5G 무선 통신의 발전과 반도체 기술의 급격한 발전 그리고 인공 지능의 발전 등이 이를 가능하게 하고 있음을 다시 한번 강조하고자 한다.

메타버스는 현재 고글이 필수적인데 이 고글은 단순히 안경과 같은 기능을 하는 것이 아니라 최고의 성능이 담겨 있는 웨어러블 컴퓨터(Wearable Computer)이다. 고글 안에는 초고속 연산이 가능한 비메모리 반도체와 대량의 데이터를 저장하는 메모리 반도체와 낸드 플래시 메모리, 고화소 디지털카메라, 5G 통신 모듈 등이 내장되어 있다. 메타버스 안에서 제공하는 가상 공간과 동영상 데이터 등은 고글 안에 저장될 수 없으므로 중앙에 있는 클라우드 슈퍼컴 플랫폼에 저장되어 있고 이를 실시간 제공하기 위해서는 초고속 데이터 통신이 중요하며 그래서 5G 또는 6G가 중요하다. 5G로 인해 가상 공간에서 반응하는 행동이 지연되는 지연 현상을 해소하는 초저지연이 가능하고 그래서 가상에서 현실과 똑같은 체험을 하는 것이 가능하다.

이같이 완전히 새로운 삶의 세계가 펼쳐지는 세컨드 라이프에 대한 높은 기대감으로 많은 사람의 관심이 집중되고 있다.

엔비디아(Nvidia)는 옴니버스(Omnibus)라는 메타버스 플랫폼을 오픈하여 모든 개발자가 이 플랫폼 안에서 디지털 트윈이나 세컨드 라이프 등 어떤 메타버스 세계의 환경도 용이하게 구현할 수 있는 다양한 기본 도구를 지원하는 플랫폼을 운영하고 있으며 이는 메타버스 산업의 발전에 기폭제가 될 것으로 보여 세계적으로 큰 관심을 끌고 있다.

앞으로 시간이 지나면 삶의 모든 영역에서 가상과 현실이 하나가 되어 꿈을 현실로 구현하는 응용 소프트웨어 기술들이 속속 개발되어 서비스가 될 것이며 거대한 시장이 전 세계적으로 폭발적인 성장을 할 것이 예상된다.

5-4 홀로렌즈

    메타버스 세계를 경험하게 하는 대표적인 모바일 도구 중 하나가 눈에 착용하는 안경과 같이 생긴 도구인 고글을 이용하는 마이크로소프트의 홀로렌즈(Hololens)이다.

〈 그림 5-2 마이크로소프트의 홀로렌즈 〉

    메타버스용 고글은 고성능의 웨어러블 컴퓨터(Wearable Computer)이며 그 안에는 초고속 연산과 인공 지능이 가능한 컴퓨터 칩과 소프트웨어, 5G 통신 모듈, 최첨단 카메라, 적외선 센서, 대화용 마이크, 스크린 등이 내장되어 있고 클라우드 슈퍼컴과 초고속 통신으로 새로운 데이터나 프로그램을 내려받는다. 큰 특징은 컴퓨터와 같이 키보드나 터치 패드 방식이 아닌 음성과 손끝의 움직임과 눈동자의 움직임으로 웨어러블 컴퓨터와 소통을 하는 것이다.

    고글을 착용하면 눈앞에 현실과 가상이 하나로 합쳐진 상상의 세계가 펼쳐지며 이 상상의 세계는 내가 서 있는 현실 공간을 인식하고 상호 작용하는 모양으로 나타난다.

    고글을 착용하고 방 안에서 컴퓨터 게임을 하면 게임에 등장하는 상대방이 방 안에서 벽에 부딪히면 튕겨 나오고 의자에 걸리면 넘어지며 게이머와 실제 전투 현장처럼 무기를 들고 서로 싸우는 등 현실과 상호 작용하여 마치 현실 속에서 게임을 하는 것처럼 몰입할 수 있게 한다. 이는 여러 개의 고해상도 카메라를 이용하여 고글 안의 컴퓨터가 내가 서 있는 공간을 3차원적으로 정밀하게 인식하고 프로그램에 의해 상호 작용할 수 있게 만들기 때문이다. 메타버스의 가장 큰 응용 분야는 컴퓨터 게임으로 시장이 엄청나게 커질 것이 예상된다.

가상 공간에서 TV를 현실의 벽에 부착시키면 고글 안에서 마치 방 안에 TV가 벽에 걸린 것같이 실시간 상영하는 것을 볼 수도 있고 가상의 무용수를 등장시켜서 함께 실감 나게 춤을 출 수도 있다.

〈 그림 5-3 고글 속의 가상 공간 〉

집 인테리어를 할 때도 고글을 착용하고 빈 곳에 배치를 다양하게 변경해 볼 수 있고 리모델링 설계나 모의 수술, 훈련 등을 자유자재로 할 수 있다. 자동차 시작품을 개발할 때도 여러 부품을 가상에서 실제 자동차와 하나로 조립해 보면서 각종 설계 변경을 자유자재로 하며 개발을 할 수 있다.

5-5 메타버스의 그늘

그 밖에도 메타버스의 활용 가능성은 무궁무진하여 고글 또는 컴퓨터 안에서 가상과 현실이 하나가 되어 상호 작용하는 것을 어디서나 경험할 수 있고 마음껏 상상의 나래를 펼칠 수 있는 세계가 열릴 수 있다.

메타버스가 신데렐라와 같이 초라한 한 소녀가 가상 공간에서 아리따운 공주로 변하여 화려한 마차를 타고 왕자를 만나러 궁전에 들어가는 것과 같은 마술 지팡이의 위력을 경험할 수 있게 할 것이 확실하다.

그러나 모든 사람이 과연 선하고 올바른 의도로 메타버스를 사용하게 될 것인지는 심각하게 생각해 봐야 한다.

만일 사람들이 파괴적이고 선정적인 의도로 메타버스를 개발하면 컴퓨터 도박이 청소년들에게 큰 사회적 문제가 되듯이 폭력성과 선정성이 엄청난 위력과 빠른 속도로 인터넷을 타고 사회에 퍼져 나갈 것이며 인류의 총체적인 타락을 가속화할 것이다.

중국에서 처음 시작된 코로나19가 육·해·공의 빠른 교통망으로 인해 삽시간에 지구촌 구석구석으로 퍼진 것처럼 훨씬 더 빠른 인터넷망으로 인해 사람들의 본성을 자극하는 이러한 해로운 기술들은 더욱더 빠르고 강력하게 많은 사람의 정신세계를 피폐하게 할 수 있다.

컴퓨터 게임이 사람들의 이기심, 폭력성, 탐욕성, 음란성을 키우는 온상이 된 것처럼 가상 공간에서 더욱 실감 나는 체험을 하게 하는 메타버스는 그 타락성을 더욱 빠르게 가속화할 것이다. 기술 발전의 속도에 비해 인류의 도덕성은 이를 받아들일 준비가 얼마나 되어 있는가 하는 것이 큰 문제이다.

6

가상 화폐

중세 시대 유럽을 지배했던 로마 제국의 데나리우스(Denarius)는 한때 유럽의 공용 화폐였지만 국력이 쇠약해져 가면서 금화와 은화를 더 많이 발행하기 위해 화폐에 구리를 섞기 시작하였다. 시간이 갈수록 화폐 가치가 쇠퇴하여 갔고 500년이 지나서 그 가치가 1/100토막이 나고 화폐 가치의 붕괴는 경제의 붕괴로 이어졌고 그 결과 대제국 로마가 멸망하게 되었다.

제2차 세계 대전 이후 지금까지 전 세계의 기축 통화인 달러는 어떠한가? 달러가 쇠퇴해 가는 것은 이미 자명한 사실이며 그 기간은 100년밖에 걸리지 않았다.

미국 경제가 오일 쇼크, 9.11 테러, 금융 위기, 코로나19 등 수차례 위기를 겪을 때마다 미국 정부는 점점 더 큰 규모의 양적 완화로 통화량을 살포하였고 그때마다 달러 가치는 하락해 가게 되었다. 그런데도 달러가 기축 통화를 유지할 수 있는 것은 국제 무역과 결제에 꼭 필요하기 때문에 다른 나라들이 달러를 계속 사고 쌓아 놓기 때문이다.

미국에서 달러를 많이 발행하면 다른 나라들은 환율 상승을 막아서 수출 경쟁력에 밀리지 않기 위해 자기 나라 화폐를 더 많이 찍어내야 한다.

예를 들어 달러의 유동성이 넘쳐서 우리나라 환율이 높아지는 것을 막기 위해 원화를 많이 발행하여 환율을 맞춰야만 수출 경쟁력을 유지할 수 있다. 결과적으로 모든 화폐의 가치는 시간이 지날수록 달러와 함께 내려갈 수밖에 없으며 지금까지 단 한 번의 예외도 존재하지 않았음을 역사는 증명하고 있다.

한편 4차 산업혁명 시대에 화석 연료가 전기 에너지로 빠르게 대체되어 감에 따라 석유의 수요는 줄어들 것이고 지금까지 석유의 국제 결제 수단이었던 달러의 역할은 점차 줄어들어 갈 수밖에 없다. 더불어 중국의 위안화를 기축 통화로 하려는 시도는 달러에 지속적인 위협이 되고 있다.

그 일환으로 사우디아라비아의 석유를 수입하는 큰손인 중국이 지금까지의 달러 결제방식을 버리고 위안화 결제 방식을 채택하기 위해 사우디아라비아와 협상을 진행 중이며 이는 세계의 이목을 집중시키고 있다.

달러 가치가 붕괴되어 가는 불확실한 시대에 누구도 통제권을 가지지 않으면서 세계적으로 거래가 가능한 만국 공용의 화폐이면서 시간이 지날수록 가치가 증가하는 화폐의 출현 가능성이 커져 가고 있다. 바로 가상 화폐이다.

6-1 블록체인 기술

블록체인은 디지털 통화 거래 내역을 기록하기 위해 개발된 분산형 장부 기록 데이터베이스 기술로 금융 거래에서 장부 책임자가 없는 거래 시스템이다. 은행이 서버에 거래 기록을 보관하고 책임지는 중앙 집중형 방식을 탈피하여 거래 시스템에 참여하는 모든 사람이 동시에 같은 장부를 보관하고 새로운 거래가 발생할 때마다 정보 단위별로 별도의 블록을 만들고, 이 블록을 기존 장부에 추가해 나가는 분산형 거래방식이다. 새로운 거래가 발생할 때마다 분산된 장부들을 서로 대조하기 때문에 장부 조작이 거의 불가능해 철저한 보안을 유지할 수 있다.

블록체인은 대표적으로 비트코인에 적용되며 누구나 열람할 수 있는 장부에 거래 내역을 투명하게 기록하고, 비트코인을 사용하는 여러 컴퓨터가 10분에 한 번씩 이 기록을 검증하여 해킹을 막는다.

〈 그림 6-1 블록체인 〉

6-2 비트코인

비트코인은 2008년 글로벌 금융 위기 때 정부, 은행 등 중앙 집권적 금융 시스템의 종속에서 벗어나야 한다는 목적에서 탄생했다. 비트코인은 은행의 중개 없이 개인 간 거래가 가능하다. 정부가 경제 위기 때마다 돈을 풀어 인플레이션을 유발하는 주체인 중앙은행에 맞서 마음대로 공급량을 조절할 수 없도록 비트코인의 총수량을 2100만 개로 한정하고 화폐량을 사전에 정해진 법칙에 따라 한정 수량까지 늘릴 수 있도록 만들었다.

비트코인은 가장 대표적인 가상 화폐로 독특한 방식으로 운영되고 있는데 비트코인의 최초 개발자인 나카모토 사토시가 제시한 어려운 수학 연산을 풀어야만 코인이 제공되는 방식으로 만들었다. 문제를 풀게 되면 블록이 생성되는데 풀어야 하는 수학 문제는 매우 어려운 암호 풀기 방식으로 고성능 PC 여러 대를 사용해도 수년 이상이 소요될 수 있다. 초기에는 하나의 코인을 얻기 위해 5년 이상의 시간이 걸렸다.

GPU 병렬 연산에 의한 고성능 컴퓨터가 발전해 갈수록 속도는 빨라지고 있으나 전력 소모가 높은 고성능 클러스터 슈퍼컴으로 연산을 장시간 수행해야 하며 이에 따른 대량의 전기 에너지가 소요된다. 암호를 풀면 그 대가로 일정 수준의 비트코인을 얻게 된다. 그 방식을 광산에서 광부가 금을 캐는 과정과 같다고 해서 채굴(Mining)이라고 한다.

비트코인은 블록체인의 공공 원장에 거래 기록을 블록으로 추가하여 분산 저장하므로 네트워크에 있는 모든 참여자가 해당 원장을 열람하여 모든 거래의 정확성을 확인하고 보증할 수 있도록 투명하게 운영되고 해킹이 불가능하여 거의 완벽한 보안을 유지할 수 있다.

비트코인은 2100만 개로 한정되어 있으므로 채굴이 계속될수록 비트코인의 숫자가 줄어들면서 문제의 난이도가 급격히 상승하게 되어 채굴이 어려워지고 고성능 컴퓨터가 필요함에 따라 더 많은 에너지가 필요하다.

비트코인을 얻는 방법에는 거래소에서 이미 채굴된 비트코인을 구입하는 방법과 새로운 비트코인을 채굴하는 방법이 있다.

비트코인은 독일, 일본을 비롯한 몇몇 국가가 지급 결제 수단으로 인정하고 있으나 변동성 위험 자산의 성격이 강하여서 은행의 통제를 벗어나 달러를 대체하는 범용적 대체 화폐로 사용되기보다는 금과 은을 대체할 수 있는 투자 수단으로 인식되는 성향이 있다.

금은 가격이 오르면 채굴업자들이 생산량을 크게 늘리고 각국의 중앙은행이 임의로 금을 방출하여 가격 조작이 쉽다. 금은 지난 100년 동안 250% 상승한 데 비하여 달러의 화폐 가치는 1/100토막으로 하락하였다. 이에 비해 비트코인은 채굴 숫자가 한정되어 있으므로 금보다는 투자 수단으로 훨씬 유리하다고 할 수 있다.

한편 이번 러시아의 우크라이나 침공에서 보여 주듯이 금융 시스템이 마비되거나 법정 통화의 위기가 찾아올 때 비트코인은 국제간 안정된 거래 수단으로의 위력을 보여 주었으며, 따라서 위기 시 거래 수단으로의 잠재력을 무시할 수 없다.

6-3 디지털 화폐 CBDC

CBDC는 Central Bank Digital Currency의 약자로 중앙은행이 발행하는 블록체인을 기반으로 하는 법정 디지털 화폐로 정부가 지방 또는 상업 은행을 거치지 않고 직접 개인 또는 경제 주체에게 현금을 지급할 수 있는 화폐이다. 기존 법정 화폐와 1:1로 교환할 수 있고 암호 화폐와 달리 가격 변동성이 거의 없어 현금과 동일한 가치를 갖는다.

디지털 화폐를 지급 또는 송금을 받기 위해서는 전자 지갑이 필요하며 본인 신분 확인이 있어야 한다. 내장된 칩 속에 돈의 액수가 기록되어 있어, 물품이나 서비스 구매 시 사용한 금액만큼 차감된다.

CBDC가 모바일 간편 결제 시스템인 '삼성페이', '카카오페이', '알리페이' 등과 다른 점은 정부가 중심이 되어 중앙 통제 방식으로 운영한다는 점과 개인별 은행 계좌가 필요 없이 현금을 디지털로 소액까지 지급한다는 점이다.

CBDC는 블록체인의 분산 원장 기술을 이용해 전자적 형태로 저장한다는 점에서 가상 화폐와 유사하지만, 중앙은행이 보증한다는 점에서 비트코인 등의 민간 암호 화폐보다 안정성이 높다. 또 국가가 보증하기 때문에 일반 지폐처럼 가치 변동이 거의 없다는 점에서, 실시간으로 가격 변동이 큰 암호 화폐와 차이가 있다.

CBDC는 전자적 형태로 발행되므로 현금과 달리 거래의 익명성을 제약할 수 있으며, 정책 목적에 따라 이자 지급, 보유 한도 설정, 이용 시간 조절 등의 통제가 가능하다.

CBDC로 발행되는 모든 통화에는 고유 번호가 부여되고 그 고유 번호의 이동은 모두 투명하게 분산형 장부에 기록된다. 따라서 누구를 거쳐 지금 누구에게 있는지 모든 기록이 정부에게 보고되며 탈세를 원천 봉쇄하는 수단이 된다. CBDC 이용이 본격화되면 지하 경제 규모가 감소해 GDP 등 성장 지수 통계의 정확성 또한 높아질 수 있다.

국가 간 CBDC 융통을 현실화하기 위해 CBDC 간 상호 전송과 교환, 결제 등을 목표로 하는 솔루션이 개발되고 있는데 특히 거대 기업인 비자(VISA)가 CBDC 간 호환이 가능한 허브 시스템 UPC(Universal Payments Channel)를 개발했다. 이는 다른 블록체인

네트워크를 이용하는 국가 간에도 디지털 통화를 안전하게 전송할 수 있게 하는 중계 역할을 해 줄 수 있다.

이같이 CBDC는 블록체인을 이용해 국제간 네트워크에 의해 은행 간 거래를 거치지 않고 개인 또는 경제 주체들에게 직접 송금할 수 있게 함으로써 CBDC가 확대되어 갈수록 지금까지 지속되어 온 미국의 기축 통화 금융 시스템을 회피하는 것을 가능하게 하여 국제 금융 질서가 재편될 가능성이 크다.

정부가 직접 지급하는 CBDC는 개인마다 돈을 어디에 어떻게 쓰고 있는지 직접 모니터링함으로써 개인 정보를 침해하고 통제가 가능하다는 위험이 있다. 그러한 면에서 CBDC에 가장 앞서 있는 나라는 중국이다.

2020년부터 전 세계로 확산된 코로나19 사태로 현금 사용이 줄고 온라인 결제가 급증하면서 많은 국가가 디지털 화폐 개발에 관심을 기울이는 추세다. 현재 전 세계 80여 개국의 중앙은행 60% 이상이 CBDC 도입 실험 및 시범 사업을 시작하며 본격적인 도입 준비에 돌입하고 있어서 디지털 화폐가 현실 경제를 움직이는 게임 체인저로 부상하고 있다.

향후 CBDC 도입은 훨씬 급속도로 진행될 전망이다. CBDC가 어떤 형태로 도입되든 기존 통화, 금융 시스템 전반에 상당한 충격을 몰고 올 것으로 예상되며 화폐 패러다임 변화는 이미 진행 중이다.

CBDC가 본궤도에 올라 기축 통화인 달러가 쇠락하면서 전 세계가 단일 유통 체계를 가진 전자 화폐로 통합되어 가면 개인과 경제 주체들의 경제적 활동에 편리성과 유용성을 크게 높여 줄 것이지만 동시에 정부가 가진 특정한 목적을 위해 통제될 가능성 또한 높아져 갈 것임을 부인할 수는 없다.

2장

전 지구적
격변의 시대

02

$$\boxed{1}$$

지구 환경의 위기

1-1 온실가스로 인한 지구 온난화 위기

(1) 지구 온도의 상승

온실가스는 지표면에서 태양열을 우주로 발산하는 적외선 복사열을 흡수 또는 반사할 수 있는 기체로 본래 지구 환경 유지에 없어서는 안 될 필수적인 요소로 하나님께서 창조하셨다.

18세기 산업혁명 이후 화석 연료의 사용이 증가하면서 온실가스 배출량이 급격하게 증가하기 시작하여 온실가스 중 이산화탄소는 80%를 차지하고 20배 이상 강력한 메탄도 함께 빠르게 늘어나고 있다.

이렇게 인위적으로 생성되어 가는 온실가스가 대기 밖으로 빠져나가지 못한 채 누적됨으로써 지구의 평균 온도는 서서히 상승하기 시작했나. 시구 생성 이후 지금까지 지구의 평균 이산화탄소 농도는 200~250ppm을 유지해 왔는데 산업화 이후 급격히 상승하기 시작하여 2015년 400ppm을 넘어섰고 이후에도 파죽지세로 높아지고 있다.

산업혁명 이후 지구 평균 온도가 1.1℃ 상승했는데 지구 온도 1℃가 상승하기 위해서는 초당 4개의 핵폭탄을 2백 년 동안 터트려야 할 정도의 엄청난 에너지가 소요된다고 한다. 그동안 인류가 얼마나 어마어마한 에너지를 방출하여 지구에 부담을 주었는지 놀라운 일이 아닐 수 없다. 산업혁명은 인류의 삶을 근본적으로 향상시키는 면에서 역사적인 큰 획을 그었으나 동시에 삶의 목줄을 서서히 조여 왔던 셈이다.

만일 지구 온도가 추가로 2℃ 올라가면 생태계는 돌이킬 수 없이 파괴되어 더 이상 생명이 살 수 없는 환경이 되는데 이를 티핑 포인트(Tipping Point)라고 한다. 이는 지구의 앞날이 어떻게 될지 인류가 더 이상 예측도 할 수 없고 조절도 할 수 없는 극단의 상황을 말한다. 한마디로 지구 대재앙이 닥치는 것이다. 그나마 인간이 노력하여 지구 온도의 상승을 최대한 지연시킬 수 있는 상한선을 1.5℃ 정도로 보고 있다.

이러한 지구 온난화의 영향으로 극지방의 빙하가 녹으면 흰색의 빙하가 반사하던 태양의 복사열을 검푸른색의 바닷물이 흡수하게 되고 해수 온도가 상승하면서 빙하를 더 빠르게 녹게 한다.

해수 온도가 상승하면 바닷물의 부피가 팽창하고 알프스나 티베트 같은 높은 지역에 있던 빙하가 녹아서 바다로 흘러 들어가서 늘어난 양과 바닷물의 팽창으로 인해 해수의 높이가 상승하는 현상이 지속된다.

산업혁명 이후 지난 100년간 해수 온도가 0.55℃ 상승하였으며 해수 온도가 1℃ 상승할 때마다 바닷물의 부피가 0.05% 팽창하고 해수면은 2m씩 상승하는 것으로 알려져 있다.

CNN 보도에 따르면 세계의 바다는 현재 1초마다 히로시마 원자

폭탄 5개씩을 떨어뜨리는 것과 같은 열량을 흡수하며 온도가 상승한다고 한다.

아름다운 인도양의 섬 몰디브가 2100년경에는 수몰되리라는 것은 이미 널리 알려진 사실이다. 2030년에는 우리나라 국토도 5% 이상이 물에 잠길 수 있다고 한다.

빙하가 녹으면 극지방 주위의 제트 기류에 이상을 초래하게 되어 제트 기류의 흐름이 약해지고 순환되지 못하므로 특정 지역에 오랫동안 정체되어 차갑거나 뜨거운 공기가 오래 머무르게 되면서 기상 이변의 원인이 되어 폭염이나 대홍수를 초래하게 된다.

기후 이변은 가뭄과 홍수 그리고 산불 발생과 같은 자연재해 발생률을 높이게 되고 이는 생태계의 균형을 깨뜨리게 되어 생물의 다양성을 감소시키며 식량 위기까지 영향을 미칠 수 있다.

UN의 기후 변화에 관한 정부 간 협의체에 따르면 지구 평균 기온이 1.5~2.5℃를 넘으면 생물종의 20~30%가, 4℃를 넘으면 40%가 멸종할 것이라고 보고하고 있다. 이 정도면 생태계의 최상위 계층에 있는 인간이 더 이상 생존할 수 없는 상황이 되는 것을 의미한다.

2021년 올 한 해만 해도 이전에 볼 수 없었던 기상 이변으로 인한 재난 재해로 세계 각국은 몸살을 앓으며 기후 변화의 재앙이 전 지구적으로 문 앞까지 왔음을 실감하고 있다.

인류의 무분별한 탐욕으로 인해 초래된 환경 위기가 마치 앞쪽에 있는 천 길 낭떠러지의 폭포수를 향해 점점 빨라져 가고 있는 급류 위에 떠 있는 뗏목과도 같은 형국이다.

(2) 재난 재해

2021년도에 세계 각 곳에서 일어난 재난 재해를 살펴보면 상황이 예사롭지 않음을 인정하지 않을 수 없다.

독일과 벨기에는 1천 년 만의 대홍수가 발생하여 수많은 인명 피해와 수재민이 발생하였으며 중국 허난성 정저우에서는 시간당 200mm의 기록적인 강수량의 집중 호우로 지하철까지 잠기고 500명이 갇히는 전대미문의 이변이 일어났다.

일본의 시즈오카현에서는 이틀 동안 400mm가 넘는 폭우가 쏟아져 산사태로 한 마을이 초토화되는 참상이 발생했으며 모스크바와 시베리아는 6월에 30℃ 이상의 이상 고온이 120년 만에 찾아와서 많은 사람이 사망하였다.

브라질은 남부 지방에 21년 만에 3일 동안 눈이 내리는 희귀한 현상이 나타났고 미국 서북부와 캐나다 서부는 100년 만에 50℃ 가까운 기록적인 폭염으로 사망자가 속출하며 지독한 가뭄으로 물 부족 속에 산불이 큰 문제가 되고 있다. 미국 오리건주 부트레그에서는 대형 산불이 발생해 뉴욕시보다 넓은 면적이 불타 버리기도 했다.

(3) 빙하 감소

동아시아 인구의 주요 식수원인 중국 티베트 고원 지대의 빙하(만년설)가 지구 온난화로 빠른 속도로 녹아내리면서 대규모 환경 재앙이 발생할 수 있다는 우려가 커지고 있다. 티베트 빙하는 중국의 황하, 양쯔강은 물론 동남아시아의 젖줄인 메콩강, 미얀마와 인도 서부, 방글라데시의 주요 수원인 브라마푸트라강의 발원지다. 이 강들은 동아시아 전역에 살고 있는 20억 명에 달하는 사람의 생존과 직결되어 있다.

티베트 빙하는 최근에 매년 700억 세제곱미터(m³) 정도가 녹아내리고 있으며, 이는 예년에 비해 2배 이상 많은 양이다. 현재처럼 빠른 속도로 빙하가 녹아내리면 2050년경 빙하는 모두 사라질 것으로 예상된다.

빙하는 여름에 적정량이 녹고 겨울에 눈이 내려 빙하들이 새로 형성되면서 순환 체계가 유지되는 층과 산꼭대기의 전혀 녹지 않는 만년설로 존재한다.

온난화로 여름에 빙하가 너무 빠른 속도로 녹으면 이 순환 체계가 무너질 수 있다. 빙하가 녹으면 눈사태와 홍수, 물 부족과 건조 지역의 사막화, 가뭄, 해수면 상승의 원인일 뿐만 아니라 기후 변화로 폭우, 폭설, 폭염 등의 영향을 미치고 다 나아가 생태계의 심각한 교란을 초래하게 된다.

유럽 알프스산맥의 만년설은 해마다 50m씩 낮아지고 있으며 아프리카의 킬리만자로의 만년설도 정상에만 일부 남아 있는 상태이다. 또한 남미 안데스산맥에도 만년설이 완전히 사라진 산들이 나타나고 있다.

티베트 고온 지대 빙하 감소 문제는 남극, 북극 빙하보다 더 심각한 문제가 되어 아시아의 물 부족 사태와 직결될 수 있으며 유엔 환경 계획(UNEP)에서도 이를 심각하게 경고해 오고 있다. 지구의 빙하 중 이 고원 지대 빙하의 비중은 약 8%에 이르며, 이 빙하 대부분은 대도시나 국가들의 생명을 지탱하는 국가 하천의 주요 수원지다.

특히 중국 징부의 티베트 지역 본격 개발로 인해 티베트 일대 도시들의 인구가 매우 증가하며 온실가스 배출도 점차 증가하는 가운데 티베트 빙하는 더욱 빠른 속도로 녹아내리고 있다.

이에 따른 기후 재앙으로 인도 동부 지역과 신장 웨이우얼 자치구에서 홍수로 많은 이재민이 발생하였으며 한반도의 폭염 기간이 길어지는 것도 여름에 티베트 빙하가 너무 많은 양이 녹아내려 편서풍을 타고 한반도로 넘어오는 티베트 고기압의 세력이 강해진 것이 원인 중 하나로 추정된다.

이처럼 남극과 북극의 빙하 감소뿐만 아니라 고온 지대의 빙하 또한 지구 온난화로 급격하게 녹아내리고 있으며 이는 가까운 장래에 인류가 지금까지 경험하지 못했던 엄청난 재앙이 닥칠 것임을 경고하는 현상들이다.

한편 지구 온난화로 지구 전체 지표면의 14%를 차지하고 있는 시베리아와 북반구 지역의 영구 동토층이 감소하고 있는데 수천 년 동안 얼음 속에 갇혀 있던 동식물들의 사체와 미생물이 녹으면서 발생하는 메탄은 이산화탄소보다 온실 효과가 20배 이상 강력하여 기후 변화의 가속화를 일으킬 것으로 크게 우려되고 있다.

(4) 바닷물의 산성화

지구 온난화로 인해 대기 중의 탄소량이 급속히 증가하며 이는 해양 산성화로 이어지고 있다. 대기 중의 이산화탄소 중 대략 25%는 바다에 용해, 흡수되어 탄산을 발생하게 되고 바닷물이 증발할 때 대기 중으로 다시 방출되면서 자연의 순환 기능을 담당하여 완충 장치의 역할을 한다. 따라서 바다는 탄소를 보관하는 창고가 되어 이산화탄소가 계속 순환하며 건강한 지구 환경을 유지하게 하는 중요한 역할을 한다.

지구 온난화로 대기 중 탄소 농도가 높아져 감에 따라 바다도 과도한 양의 이산화탄소를 흡수하게 되고 이산화탄소가 물에 녹으면 탄산과 함께 수소 이온을 방출하여 수소 이온 농도(pH)가 높아지면서 바다의 산성화, 즉 산의 농도가 높아져 가게 된다.

바다는 본래 약한 알칼리성을 띠고 있었는데 산업혁명 이후 과도한 이산화탄소 방출로 조금씩 산성화가 진행되고 있다.

1750년경 바다 산성도는 약알칼리성(pH 8.2)이었는데 산업혁명이 진행된 이후 2018년경에는 pH가 0.1 정도 낮아졌으며 그 속도는 점차 더 빨라지고 있어 지난 10년간 산업혁명 이후의 평균치 4.5배에 달하는 것으로 알려졌다.

이대로 가면 2100년까지는 지난 기간보다 100배에 달하는 산성화가 진행될 수 있는 것으로 예측되며 그때는 이미 원상태로 되돌리기가 불가능해진다.

해양 산성화는 해양 생태계의 파괴로 모든 해양 생물에 지대한 영향을 미치게 된다. 특히 바닷물에 산, 즉 수소 이온(H^+)의 농도가 증가해서 탄산칼슘으로 골격을 이루고 있는 산호나 갑각류, 어패류 등의 껍질과 골격이 산과 만나 녹아내려서 성장, 발달, 생존에 큰 위협을 미치게 된다. 또한 새끼 물고기의 성장과 발육을 저해하고 물고기의 중추 신경계에 이상을 초래하는 등 플랑크톤부터 산호초에 이르기까지 모든 생태계 전체가 망가지게 된다. 대구의 경우 1/4~1/12 정도로 개체 수가 줄어들 수 있는 등 생태계 교란으로 인류의 수산 자원 확보 위기에 직면할 수 있다.

1-2 전 인류적 탄소 중립 대책

이러한 급격한 기후 변화의 위기 속에서 모든 나라가 UN을 중심으로 20세기 말부터 이미 머리를 맞대고 지구 온난화의 주요 원인인 이산화탄소 배출을 억제하고 추가 배출을 제로로 하기 위한 탄소 중립의 대책을 범지구적으로 세우기로 합의해 왔다.

1997년 교토 의정서 발효 이후 2015년 파리에서 맺어진 UN 파리 기후 변화 협정으로 지구의 온실가스 배출량 90% 이상을 차지하는 195개국이 모여서 온실가스 배출량을 단계적으로 감축하자는데 합의하였다. 이를 통해 산업화 이전 수준 대비 지구 평균 온도 상승 폭을 1.5~2.0℃ 이하로 제어하고자 하였다. 탄소 중립을 통해 지구의 온실가스 배출을 제로로 유지하여 지구 온도 상승을 멈추고자 하는 것이다.

탄소 중립은 인간의 활동과 제품 생산에서 한 해 528억 톤이 발생하는 온실가스 중 특히 75%의 에너지 생산 과정에서 발생하는 배출량을 최소화하고 남은 온실가스를 스스로 흡수 또는 제거하여 배출량을 제로로 만드는 개념이다. 이를 위해 화석 연료를 줄이고 재생에너지를 활용하는 활동을 늘려 가고자 하는 것이 핵심이다.

파리 기후 변화 협정의 세부 내용으로는 온실가스 감축 목표를 각 국가가 자발적으로 시행하는 계획서를 제출하도록 하고 있다.

이 계획서에 2030년까지 미국은 26~28%, 유럽 연합은 40%, 중국은 65%, 한국은 37% 감축 목표를 제출한 바 있다.

그러나 2021년에 개최된 제26차 유엔 기후 변화 협약 당사국 총회에서 세계 탄소 배출 1, 4위 국가인 세계 배출량의 28%와 5%를 차지하는 중국과 러시아 정상이 불참하고 3위인 인도 또한 비협조적이어서 실제 탄소 배출이 얼마나 줄어들지는 의문이다. 최대 산유국 사우디아라비아, 최대 석탄 수출국인 호주 역시 자국 이익을 위해 화석 연료 감축에 반대하고 있다.

지금까지 이산화탄소를 가장 많이 배출한 나라는 미국, 유럽, 중국 등 강대국인데 지구 온난화로 인한 피해는 아프리카, 아시아 등 약소국이나 미개발국들이 함께 겪어야 하는 것은 분명히 모순이다. 그래서 선진국들이 기후 변화로 피해를 보는 개발 도상국을 지원하기 위해 연 1000억 달러의 기후 기금 모금을 추진하고 있지만 자발적인 협조 또한 쉽지 않은 상황이다. 자기 코가 석 자인데 자국의 어려움을 제쳐 놓고 다른 나라를 돕는 일을 기대하기는 어려운 일이다.

타고 있는 뗏목의 물살이 더 빨라져서 폭포에 가까워지는 것같이 여기저기서 재난 재해가 걷잡을 수 없이 일어나기 시작할 때 비로소 위기의 심각성을 느끼고 지구촌 모든 국가가 하나로 힘을 합친다 할지라도 그때는 이미 너무 늦을 수 있다.

지금은 전 지구적 위기를 극복하기 위해 탁월한 지도력을 발휘하여 지구를 온난화의 위기로부터 구해 낼 리더십을 보일 수 있는 지도자의 필요성이 점차 높아져 가고 있다.

1-3 탐욕으로 병들고 있는 지구

하나님께서 인간에게 땅을 정복하고 다스리라고 부여하신 잠재력을 창조적인 질서 안에서 정상적으로 활용하였다면 이 세상은 아마도 유토피아가 되었을지도 모른다.

하나님께서는 인간이 열심히 땀 흘려 일하면 넉넉히 먹고살 수 있는 축복된 환경을 제공해 주셨다. 또한 인류 문명이 발전하면서 점차 늘어나는 인류의 먹거리에 대한 대책을 식량 증산과 대량 생산으로 해결해 나갈 수 있는 지혜를 주셨지만 실상은 그렇지 못하다.

지구의 한편에서는 풍요로움이 넘치고 있고 다른 한편에서는 굶주림으로 수많은 생명이 죽어 가고 있다. 같은 나라 안에서도 빈부격차의 심화로 계층 간의 갈등이 심화되어 가고 있다. 지구에 78억이라는 인구가 살고 있지만 만일 모든 인류가 공평하게 식량을 나눈다면 지금도 굶주림 없는 세상을 만들어 갈 수 있을 것이다.

그러나 그렇지 못한 근본적인 원인은 인간이 타락한 이후 창조적 질서를 벗어난 자기중심적 삶 속에서 마음 중심에 자리 잡고 있는 탐욕이라는 존재로 나타난다.

1차 산업혁명 이후 대량 생산이 본격화되고 자본주의 사회가 시작된 이래 가진 자와 못 가진 자의 격차가 커지는 모순이 심화되어 갔다.

20세기 초에 대두된 공산주의 사상은 모두가 함께 소유하는 평등 사회 구현을 목적으로 시작되었다. 자본주의의 모순과 불평등을 극복하고 노동자, 농민이 주인이 되는 이상적 세계를 주창하며 계급 투쟁을 통해 많은 사람의 호응을 얻으며 온 세계로 급속히 퍼져 나갔다.

그러나 성취를 위한 경쟁심의 인간적 본능을 무시한 채 협동 농장으로 대표되는 공동 분배 방식은 노동의 활력을 잃어버리게 하였고 점차 권력을 가진 자와 가지지 못한 자 사이에 더 심한 새로운 계급이 형성되어 갔다. 결국 공산주의는 독재를 위한 정치적 수단으로 전락한 채 모두가 평등하게 가난해지는 모순을 가지고 쇠락해 가다가 지금은 역사의 뒤안길로 사라지고 있다. 중국 같은 공산당이 집권당인 나라도 공산당은 있어도 공산주의자는 더 이상 없다고 하며 사실상 공산주의를 부인하며 국가 자본주의를 지향하고 있다.

제도와 이념이 이상적이라고 해서 반드시 유토피아가 건설될 수 없음은 역사가 증명한다.

　공산주의와 민주주의의 양대 진영 냉전의 시대가 끝난 이후에는 산업혁명으로 축적된 기술을 기반으로 기술, 경제적 부흥을 통한 국가 번영을 추구하는 총성 없는 전쟁의 시대가 찾아왔다. 기술 지상주의 속에서 산업혁명의 발상지인 선진국들은 기술 경쟁의 우위를 점하게 되었고 개발 도상국과 후진국은 기술, 경제적으로 종속되어 국가 간 빈부 격차는 심화되고 있다. 선진국은 경제 발전의 풍요로움의 혜택을 누리는 반면 후진국은 기아와 질병과 전쟁 속에서 헤어나오지 못하는 악순환이 지속되고 있다.

　탐욕에서 비롯된 불균형과 불평등 속에서 개인 또는 국가 이기주의가 온 세계의 끊임없는 분쟁과 갈등을 일으키는 원인이 되고 있다.

　탐욕의 결과는 빈부 격차 심화뿐만 아니라 지구 환경 파괴라는 심각한 결과를 초래하고 있다. 삶의 수준 향상에 따른 더욱 과도한 인간의 욕구는 무책임하고 과도한 생산 활동으로 이어지고 이에 따른 수많은 오염 물질 양산으로 이미 20세기 후반부터 환경 재앙에 따른 위기가 경고되어 왔다.

　하늘은 온실가스뿐만 아니라 미세 먼지와 아황산가스 등 유해 가스로 오염되고 염화불화탄소(CFC)로 오존층이 파괴되어 과도한 자외선이 발생하고 있는 등 인류의 건강에 점차 심각한 폐해를 끼치고 있다.

　땅과 하천도 각종 유해 쓰레기, 침출수, 썩지 않는 플라스틱과 스티로폼 등 온갖 유해 물질로 점점 오염되고 있을 뿐만 아니라 지구의 허파라 일컫는 아마존의 열대 우림도 하루 평균 축구장 3,300개 넓이의 면적이 개발로 사라져 가고 있다.

　바다도 폐오일, 공장 폐수, 생활 하수, 각종 유해 쓰레기와 폐기물, 미세 플라스틱 등으로 심각하게 오염되고 있다. 특히 미세 플라스틱과 쓰레기가 각종 물고기의 아가미를 통해 내장 등에 들어가고 이를 더 큰 물고기가 잡아먹으면 궁극적으로 생태계 최상층에 있는 인간의 식탁까지 미세 플라스틱이 올라오게 되어 인류의 건강에 심각한 영향을 미칠 우려가 커져 가고 있다. 또한 이러한 폐기물들은 각종 물고기의 먹이가 되는 플랑크톤의 번식을 저해하고 해양 생태계의 파괴를 심각하게 가져온다.

18세기 중엽에 산업혁명이 시작될 무렵 10억 명이었던 인구는 그 후 약 200년이 지나는 동안 급격하게 증가하게 되었다. 이는 산업혁명 이후에 나타난 생활 수준 향상, 교통수단의 발달, 식품과 의약품의 혁신과 수많은 신기술의 탄생 등으로 기인한 것이다.

특히 질소 비료의 개발과 살충제 등은 농업 생산량을 크게 늘리는 데 기여하였다.

20세기 중후반부터는 폭발적인 인구 증가에 따른 식량 부족에 대처하기 위해 유전자 재조합 기술을 통해 특정 유전자만을 이용하여 품종 개량을 한 유전자 재조합 식품(GMO)이 많은 논란과 우려 속에 농업 생산에 이용되고 있다.

지구에서 생산되는 모든 식량으로 지금 인구수의 최대 2배를 먹여 살릴 수 있다고 한다.

그런데도 아프리카를 중심으로 세계 인구의 10%가 여전히 굶주림에 고통을 받으며 죽어 가고 있다. 이 모순은 어디에서 온 것인가?

전 세계에서 수확되는 옥수수의 25%가 미국 등 선진국의 소의 사료로 사용되고 있다. 선진국의 과도한 육류 소비 때문이다. 어떤 이들은 과도한 육류 소비로 인한 비만으로 다이어트에 힘을 쏟고 있다. 심지어는 자국의 생산자들과 생산물의 가격을 보호하기 위해 식량을 대량으로 폐기하기도 한다.

이런 상황에서 UN 등 국제기구는 구조적인 기아 문제나 식량의 가격과 생산, 분배에는 거의 개입하기 힘들고 그저 긴급한 지역만 가까스로 돕고 있을 뿐이다.

UN 인권 위원회 자문 위원인 스위스 출신 장 지글러(Jean Ziegler) 가 집필한 『왜 세계의 절반은 굶주리는가?』라는 서적에 아프리카의 부르키나파소라는 국가의 토마스 상카라(Thomas Sankara) 대통령이 나온다.

그는 비록 쿠바의 피델 카스트로 혁명의 추종자였지만 심각한 기아 문제를 해결하기 위해 사회 정의를 찾는 것이 중요하다고 생각하고 정치, 경제적 개혁을 추진했다.

비대하고 비효율적인 행정 조직을 개편하고 철도 건설을 추진하며 토지 국유화를 하는 등 정치와 경제 개혁을 추진하여 굶주림을 상당히 해소하는 눈에 띄는 성과를 거두었다. 그러나 프랑스의 속국이었던 이 나라는 상카라의 개혁에 적대적이었던 프랑스의 일부 세력과 자국 기득권자들의 반발에 부딪혀 결국 쿠데타로 실각하고 상카라는 살해되어 기아 문제는 지금도 여전히 부르키나파소의 심각한 문제로 남아 있다.

이 사례는 각국이 자급자족 경제를 이루기 위해서는 사회 윤리를 이탈한 시장 원리주의 경제, 폭력적인 금융 자본주의 등이 지배하고 있는 사회 구조를 변혁하여 결국은 자립 경제로 나가는 것이 중요한 대책임을 보여 주는 하나의 사례이다.

우리나라에서도 60~70년대에 박정희 대통령이 주창했던 새마을 운동으로 통일벼 신품종을 개발, 보급하여 봄철의 고질적인 보릿고개로 불리는 기아를 극복하고 산업 근대화를 이루었던 것이 또 하나의 사례이다.

② 사회적 격변의 시대

2-1 직업 세계의 지각 변동

(1) 전기 차 관련 직업 변동

전기 자동차가 범용화되면 삶의 질이 크게 나아질 것은 분명한 사실이지만 사람들의 일자리는 어떻게 변화될 것인가?

전기 자동차가 일반화되면 3만 개의 부품 중 최대 2만여 개가 사라지게 되어 자동차 생태계에 큰 변화가 일어날 것이다. 따라서 수많은 내연 기관 자동차 부품, 소재 전문 기업의 공급 사슬이 무너지게 되어 많은 기업이 설 자리를 잃게 된다.

전기 자동차는 유지, 보수 서비스가 거의 필요 없으므로 서비스 센터 또한 대부분 사라지게 되며 자동차를 판매하는 딜러의 역할도 인터넷 직거래가 보편화되면서 영업직의 역할이 매우 축소될 것이다.

주유소도 자동차 회사가 직영하는 무인 전기 충전소로 대체되어 빠르게 사라져 갈 것이다.

자율 주행이 활성화되면 교통사고율이 1/10 이하로 낮아지면서 운행 데이터 기반으로 운용하는 자동차 직영 보험 회사가 주류를 이룰 것이다.

무인 택시나 버스가 운전자 없이 승객을 태우고 운행하면 운전기사, 버스 기사들의 일자리도 줄어든다.

부품 생산 라인에서 조립을 담당하던 엔지니어들도 생산 공정이 지능형 로봇 중심으로 무인화되면 일자리가 줄어들고 3D 부품 생산 현장에서 힘들고 어려운 작업을 로봇이 노동 인력을 대신하게 되면서 데이터 분석과 디지털 관리자 중심의 수요가 늘어날 것이다.

기존의 내연 기관 자동차들은 전기 차로 전환을 성공한 업체만 살아남고 경쟁에 뒤떨어진 대부분의 업체는 과거에 모토로라나 노키아가 스마트폰 시장에서 도태한 것처럼 뒤안길로 사라질 것이다.

한편 자율 주행 데이터 수집, 학습 및 프로그램 개발자 등 향후 무한한 시장 잠재력이 예상되는 차량 내 플랫폼 앱 개발자 등 소프트웨어 개발을 위한 수요가 많이 늘어날 것이다.

무엇보다 전기 차 침투율이 급속히 늘어나면서 배터리의 수요가 공급을 초과해 가고 있고 이에 따른 엄청난 양의 배터리 수요가 예상되며 고밀도 배터리 개발 및 생산 전문가가 크게 필요할 것이다.

이 밖에도 과거 내연 기관 기반의 공급 및 수요 시스템의 사슬이 점차 무너지고 새로운 생태계가 조성됨에 따라 과거에 조명을 받지 못했던 새로운 기술에 대한 직업의 수요가 많이 늘어날 것이며 특히 하드웨어보다는 소프트웨어 중심의 직업 수요가 많이 늘어날 것이다.

(2) 각 분야 일자리 변화

한편 사회 모든 분야의 일자리 변화를 살펴보자.

기존의 탄소를 배출하는 굴뚝 산업은 퇴조하고 친환경 신재생 에너지 기반의 청정 산업으로 탈바꿈해 갈 것이다.

수소 연료 전지를 기반으로 하는 수소 사회로의 전환으로 수소 생산, 운송, 수소 연료 전지 발전소 등 수많은 신산업의 기회가 생겨난다.

무엇보다 자율 주행 플랫폼을 중심으로 하는 지능형 로봇이 가정과 사회 곳곳에서 인간을 대신하는 도우미 로봇으로 향후 10년 내에 폭발적으로 증가되어 간다.

자율 운전 자동차에서부터 시작되어 지능형 로봇으로 확산되는 과정을 살펴보자.

앞에서 언급한 테슬라가 보유하고 있는 세계에서 가장 빠른 인공 지능 슈퍼컴퓨터인 '도조(Dojo)'는 초당 100경 번의 연산을 할 수 있는 광속의 속도를 가지고 있다. 테슬라는 도조컴퓨터 안에서 현실과 똑같은 교차로, 횡단보도, 일방통행로, 로터리 등 각종 교통 환경을 만들어 놓고 온갖 상황을 가정하여 24시간 끊임없이 자율 주행 인공 지능을 구현하기 위한 학습 훈련을 하고 있다.

이러한 4D 환경 구현은 자동차 주위에 8개의 고성능 카메라가 보내오는 디지털 정보들을 컴퓨터에서 압축하고 하나로 합성하는 4차원 벡터 공간 기술로 가능하다. 개발자가 교통 상황을 자유자재로 변경하며 그때마다 운전 요령을 컴퓨터에 가르치는 강화 학습 훈련을 24시간 반복한다. 처음에는 초보 운전자보다도 서투른 운전을 하던 인공 지능이 학습이 반복될수록 마치 알파고가 사람이 더 이상 이길 수 없는 경지까지 발전한 것처럼 완벽한 수준의 운전 기술을 습득하게 된다.

이러한 학습 훈련은 자동차에서 시작하여 향후 가정과 공장, 병원, 재난 현장, 전투 현장 등 각종 환경에 대응할 수 있는 자율 지능으로 확장시킬 수 있고 이 지능을 로봇의 두뇌에 탑재하여 보급해 나가면 온 세상은 지능형 로봇이 서비스하고 통제하는 세상으로 변화될 것이 분명하다.

따라서 분야별로 로봇의 인공 지능을 개발하고 로봇 하드웨어의 근간을 이루는 초소형 고성능 모터를 개발하는 전문 인력 수요가 크게 필요해진다. 로봇의 유지, 보수와 개발 및 관리자들의 수요가 늘어날 것이고 인간과 협동하는 협동 로봇의 수요도 많아질 것이다.

스마트 팩토리, 스마트 팜, 스마트 홈, 스마트 시티 등 온 세상이 스마트화되어 감에 따라 세상은 하드웨어 중심 일자리로부터 소프트웨어 중심의 일자리 사회로 변모되고 있다. 클라우드 플랫폼 중심의 사회에서 데이터 사이언티스트와 소프트웨어 알고리즘 전문가가 중시될 것이다. 또한 레고 블록으로 창작물을 조립하듯이 각종 라이브러리를 활용하여 독창성 있는 응용 프로그램을 개발하는 개발자들의 창의력이 중시될 것이다.

특히 넥스트 인터넷으로 주목을 받는 메타버스가 인터넷이 전 세계를 하나로 연결하듯이 가상 공간에서 모든 세상을 하나로 연결하는 세계를 창출할 것이 확실하다. 모든 사람에게 가상 공간이 또 하나의 삶의 무대가 되어 무한한 활동의 공간이 펼쳐지며 상거래를 비롯한 게임과 공장 최적화, 비즈니스를 비롯한 모든 활동이 현실과 연계되어 일어날 것이다. 따라서 광범위한 메타버스 세계를 구현해 나가기 위한 각종 응용 프로그램 콘텐츠 개발자들과 운영자들 그리고 블록체인을 기반으로 하는 디지털 코인 개발 및 운영자 등의 수요는 어마어마할 것으로 판단된다.

또 새롭게 떠오르는 모든 분야의 기술 특성에 맞게 빅 데이터를 분석, 예측할 수 있는 전문가와 빅 데이터를 정제하여 학습, 추론, 통제할 수 있는 인공 지능 응용 프로그램 전문가가 엄청나게 필요해진다.

일반 인공 지능(AGI)이 점차 삶의 모든 영역에 침투해 들어오면 삶의 형태는 어떻게 변화될 것인가?

점차 번역 데이터, 음성 데이터 등 학습 데이터들이 쌓여 가면 인공 지능 통·번역이 완벽한 수준으로 발전하여 범용화되고 영어, 일본어, 중국어 등을 배울 필요성은 사라지며 전문가들도 필요 없고 학원들도 사라질 것이다.

생산 현장에서는 숙련된 엔지니어보다 인공 지능의 분석과 예측에 더 의존하게 될 것이고 공장에서 실시간 발생하는 모든 공정 데이터를 학습한 인공 지능은 경험 많은 엔지니어의 능력을 넘어설 것이다.

공장이 무인화, 지능화되면 생산 현장은 비상 상황을 관리하는 소수의 비상 대책관을 제외하고 로봇이 반복적이고 정밀하며 위험한 작업을 수행할 것이다. 전체 공정을 담당하는 통제 본부에서도 컴퓨터 기반 디지털 트윈에 의한 최적화 관리가 되어 소수의 데이터 관리를 위한 전문 인력만이 필요할 것이다.

인공 지능이 의료, 법률 데이터와 지식들을 지속해서 학습하면 의사, 변호사보다 더 정확한 진료와 재판이 가능해질 것이다.

의사는 매년 쏟아져 나오는 새로운 의학 기술과 지식을 다 이해할 수 없지만 인공 지능은 매일 24시간 끊임없이 새로운 지식을 학습할 수 있다. 판사와 변호사는 방대한 법률 지식과 끊임없이 발생하는 새로운 판례를 모두 이해할 수 없지만 인공 지능은 이 모든 지식을 완전하게 소화할 수 있다.

한국 인공 지능 법학회가 2021년 주최한 인간 변호사와 인공 지능 변호사의 대결에서 근로 계약서 자문을 놓고 경연을 했는데 1위에서 3위까지 모두 인공 지능이 차지했다. 향후 간단한 법률 자문에서부터 인공 지능의 역할이 커지며 변호사, 변리사, 회계사, 공인중개사 등의 사람의 역할은 갈수록 인공 지능으로 대체되어 갈 것임을 예고하는 것이다.

AI 에이전트 챗봇이 모든 상담과 고객 문의를 통신 체증 없이 복잡한 사례까지 밀도 있고 스마트한 대응으로 24시간 지속함으로써 이미 상담원의 역할은 인공 지능으로 대체되어 가고 있다.

전방위적으로 인공 지능은 우리의 삶 속으로 스며들어 오고 있으며 일자리 환경도 단순하고 반복적인 업무들은 점차 인공 지능으로 대체되어 가고 있음은 분명한 사실이다.

이 같은 변화의 흐름은 반복적이고 단순한 일을 하는 직업은 점차 사라지고 창의력을 가진 지식 중심의 일자리가 끊임없이 창출될 것임을 말해 준다.

1811~1817년 사이에 영국 노팅엄의 직물 공장에서 시작하여 북부의 여러 주로 확산되었던 러다이트 운동(Luddite Movement)이 있었다. 이는 영국의 섬유 노동자들이 1차 산업혁명으로 인해 섬유 옷감의 가내 공업 생산 방식이 섬유 기계에 의한 상품의 대량 염가 생산으로 전환되는 데 따른 집단 항의로 일어난 운동이다. 대량 생산은 기존의 수공업에 의존한 숙련 노동을 위축시켰고 숙련 기술자들의 임금을 인하한 것에 대한 집단 반발로 "기계를 믿느니 내 근육의 힘을 믿어라!"라고 외치며 일어난 섬유 기계 파괴 운동이었다.

그러나 실제로는 숙련 기술이 없었던 농민을 비롯한 많은 단순 노동자가 섬유 공장에서 일할 수 있는 일자리가 많이 늘어났을 뿐만 아니라 대량 생산으로 대중의 삶의 질이 향상되는 결과를 가져오게 되었다. 1차 산업혁명으로 소수의 숙련 기술자보다 다수의 미숙련 노동자에게 더 많은 혜택이 돌아가는 결과를 가져올 수 있었다.

그러나 4차 산업혁명은 이때와는 정반대의 양상이 일어날 것을 말해 주고 있다. 높은 수준의 지식과 창의력을 가진 고급 인력의 수요는 늘어날 것이고 조립 라인 노동자나 운전기사, 단순 노무직 등은 대부분 인공 지능과 지능형 로봇들로 점차 대체될 것이다.

인공 지능과 지능형 로봇이 세상에 미치는 영향은 점차 막강해져 갈 것이고 지능화된 사회 속에서 사실상 사람이 할 수 있는 일은 많지 않을 것이다.

그러나 인공 지능과 로봇에게는 분명한 한계점이 있다. 인공 지능은 어디까지나 '0'과 '1'의 2진수를 기반으로 반복적으로 계산하는 영혼 없는 기계일 뿐인 것이다. 즉, 인간과는 달리 직관적이고 창의적 활동을 할 수 없으며 단지 고도의 흉내만 낼 수 있는 것이고 인간에게는 마치 기계가 사람처럼 영혼을 가진 것으로 착각하게 만드는 것일 뿐이다. 이것이 인공 지능의 가장 큰 한계이며 따라서 인간의 업무를 완전하게 대체하는 것은 불가능하다. 더욱이 윤리나 도덕성이 요구되는 사회적 지능의 분야는 여전히 인간이 담당해야 할 몫이다.

중요한 것은 완전히 지능화된 사회로 나아가기 위한 중간 단계에서는 사회 모든 분야에서 더욱 세분화된 형태로 아주 많은 전문가가 필요할 것이다. 지금은 그 시작점에 서 있다고 할 수 있으므로 당분간은 일자리가 더욱 늘어날 것이고 심지어는 폭발적으로 늘어날 것이라는 희망을 품을 수가 있다.

그러나 과거와 분명하게 다른 점은 주로 고학력자들을 중심으로 하는 전문 인력이 대거 필요하다는 점이다.

이 같은 사회의 지각 변동은 과거의 산업혁명 때와는 크게 다르다. 그때도 기술 혁신으로 인한 영향력이 산업뿐만 아니라 생산, 경제, 교통, 사회, 문화, 교육 등에 파급되는 질적인 변화를 가져오는 전환점이 되었으나 지금은 그때와는 차원이 다르다.

　항공기 엔진과 터빈 등을 전문 생산하는 미국의 제너럴 일렉트릭 (GE)은 1차 산업혁명을 대표하는 상징적인 회사이다. GE는 몇 년 전 'Unlearn'이라는 구호를 선언하며 빅 데이터 전문 회사로 새로운 출발을 시작하였다. 이는 시대의 변화에 따른 위기의식을 느낀 GE 가 과거 오랫동안 체화된 관행적 사고를 고의적으로 버리고 새로운 시대에 맞는 자세와 의지로 데이터를 중시하는 회사로 거듭나겠다 는 강력한 의지의 표현이다.

　앞으로는 개인이나 회사나 변화의 흐름을 감지하고 앞서 미래를 준비하는 것만이 살아남을 수 있는 길임을 보여 주고 있다.

2-2 체제 변화의 격변기

　제조 현장뿐만 아니라 모든 삶에 전방위적으로 로봇과 인공 지능 이 사람을 대체해 감에 따라 궁극적으로 일자리의 기회는 크게 줄어 들어 갈 것이며 부의 독점 현상에 따른 부익부 빈익빈 현상이 우려 되는데, 몇 가지 사례를 살펴보자.

　제조 기업들은 로봇과 인공 지능이 사람을 대신하여 최고의 효율 로 노동을 함으로써 산업 재해 위험도 없고 24시간 노동이 가능하 며 각종 보험료와 복지 비용 등 부대 비용도 필요 없으며 인건비는 줄어들고 생산성은 극도로 향상되이 수익이 극대화될 것이다. 이에 따라 기업주는 공장을 적극적으로 확장시켜 나가려 할 것이다.

　클라우드 컴퓨팅이 보편화되어 감에 따라 사람들은 각종 데이터나 프로그램을 클라우드에서 내려받아 사용하며 클라우드 네트워크에 점차 종속되어 가고 있다. 매달 지불하는 구독료 또는 광고료로 인해 거대한 클라우드 IT 기업들에게 부가 편중되어 가고 있다. 미국에서는 구글, 애플, 페이스북, 아마존, MS 등 거대한 클라우드 슈퍼컴을 전 세계적으로 경쟁적으로 확장시켜 가고 있는데 이 빅 테크 플랫폼 기업들의 독과점이 심각한 문제가 되고 있다.

자율 주행으로 운행되는 전기 자동차의 경우 자율 주행 무인 택시를 로보택시(Robotaxi)라고 하는데 빠르면 2~3년 내로 상용화될 것이 예상된다.

통상 자동차는 1~2시간을 제외하면 대부분 주차장에 세워 놓게 되는데 로보택시는 차주가 사용하지 않는 시간에는 도로에 나가 택시로 운영되고 그렇게 얻는 수익은 적정 비율로 플랫폼 회사와 차주가 나누어 갖는다. 이렇게 함으로써 보험료, 전기료를 제외하고도 1년에 수천만 원의 수익을 올릴 수 있다. 더 이상 차가 소유의 개념이 아닌 공유와 수익의 개념으로 완전히 바뀌는 것이다. 테슬라와 같은 자율 주행 자동차 개발 업체는 자율 주행 소프트웨어를 보급하여 구독료를 받을 뿐만 아니라 로보택시가 거리에 많이 돌아다닐수록 택시 운영 수익이 기하급수적으로 늘어나면서 독점화가 우려된다.

로보택시가 범용화되어 거리를 가득 메우면 운전기사라는 직종은 완전히 사라질 것이다. 또한 자율 주행 차량은 거의 완벽하게 무사고 운전을 함으로써 보험료는 최소화되고 보험 회사 또한 자동차 제조사가 직접 운영하는 회사를 빼고는 모두 사라질 것이다.

이 같은 급격한 사회 변화는 어떤 문제를 일으킬 것인가?

당연히 가진 자는 더 부자가 되고 수많은 일반 대중은 일할 기회를 잃고 가난해져 갈 것이다. 그뿐만 아니라 사람은 본래 노동을 통해 성취감을 느낄 수 있도록 창조되었으나 노동의 기회를 잃어 가는 일반 대중은 극도의 좌절감에 빠져들 것이다.

더욱이 메타버스의 가상 공간에서 제공되는 세컨드 라이프나 게임, 도박 등은 한번 빠져들면 헤어 나오기 쉽지 않아 중독에 빠질 위험이 크고 심각한 것은 지구 한쪽에서 일어난 것이 반대쪽으로 순식간에 확산되어 파급 속도가 급속하다는 데에 있다.

이러한 시대는 더 이상 사람이 개인적으로 노력해서 극복할 수 있는 시대가 아니다.

전무후무한 정신적, 경제적, 사회적 위기의 시대이다!

4차 산업혁명의 특징은 기존의 중앙 집중화가 개인 중심으로 분산된다는 데 있었다. 그러나 이러한 급격한 시대 변화는 중앙 정부를 중심으로 통제를 강화하여 인류의 공통 문제를 해결하는 데 힘을 모아야 하는 시대로 흘러가고 있다.

예를 들어 로봇세를 신설하여 로봇의 수에 따라 세금을 부과하거나 플랫폼 기업에 대해 독과점 방지법으로 독점을 방지하고 높은 수익에 대해 높은 세금을 부과하는 등 편중된 부를 대상으로 하는 강력하고 전반적인 세제 개편이 일어나야 할 것이다.

또한 일할 기회를 얻지 못하는 다수의 국민에게 정부가 기본 소득을 보장하여 적정 수준의 생활을 보장하는 동시에 소비를 일정 수준 유지하여 시장 경제를 지속할 수 있도록 해야 한다. 그리고 일할 기회를 상실한 대중을 위한 새로운 노동 시장의 창출을 고민하는 등 사회 시스템의 재설계가 필요하다.

예측하건대 상위층, 지배 계층 일부를 제외하고는 대부분의 국민이 정부 지원에 의존하면서 노동에 의한 수입은 점차 줄어드는 형태로 살아가게 될 것이다. 인간이 담당하던 대부분의 노동을 로봇과 인공 지능이 담당하게 되면서 노동의 비중이 줄어드는 인간에게는 새로운 노동의 정의 재정립이 요구된다.

1960년대 작가 이청준의 『마기의 죽음』이라는 소설에서는 미래 세계에서 소수의 엘리트가 인류를 지배하는 가운데 인류가 안락한 삶 속에서 통제되고 사육되는 모습을 그리고 있다. 점차 인간은 쾌락만을 즐기는 모습으로 진화되어 가고 머리는 작아져서 사고 기능이 마비되며 다리는 가늘어지며 쾌락을 느끼는 부분만 과도하게 발달하는 모습이 된다. 만일 인간이 책을 읽고 사고 기능이 살아나면 어디론가 끌려가서 격리되고 머리가 점점 부풀어 올라서 죽어 가게 된다는 내용이다.

이 책은 미래 인류의 극단적인 모습을 그리고 있지만 미래 사회의 변화를 생각하게 하는 내용을 담고 있다.

한편 화석 연료가 청정 연료인 전기 에너지로 옮겨 가는 새로운 시대는 오일의 주 생산국인 사우디아라비아, 이란, 이락, 러시아, 중국, 미국 등이 세계 경제를 좌우하던 시대가 저물어 가고 있음을 의미한다. 산유국이라는 개념은 사라지고 그 대신 2차 전지 배터리 생산 능력이 중시되며 국가별로 태양, 풍력, 수소 등 청정에너지를 생산하여 자급자족할 수 있는 체제로 에너지 공급 패턴이 변화할 것이며 이는 세계 경제의 근본을 뒤흔드는 변화가 될 것임을 의미한다.

지금까지 석유는 국제적으로 통용되는 기준 가격이 달러로 표시되어 결제되면서 달러가 세계의 기축 통화로 사용되어 왔는데 석유가 전기로 전환되어 감에 따라 더 이상 달러로 거래할 필요가 점차 없어진다.

앞의 가상 화폐에서 언급한 것과 같이 달러화는 미국의 매년 누적되어 가는 막대한 재정 적자와 더불어 2001년 9.11 테러, 2008년 미국의 금융 위기 그리고 2020년 코로나19 팬데믹 등으로 돈을 천문학적으로 풀 때마다 점점 더 가치가 하락해 왔다. 따라서 미국이 경제 강국으로의 위상이 하락하면서 점차 달러의 기축 통화 영향력도 줄어들며 달러의 국제 결제 시스템의 붕괴가 우려되고 있는 현실이다.

또한 4차 산업혁명 시대에 전기 자동차로부터 시작하여 우리 생활 주변의 모든 도구가 디지털화, 스마트화가 진행되면서 화폐 또한 지폐로부터 메타버스 가상 공간에서 주고받을 수 있는 가상 화폐나 국가가 공인하는 디지털 화폐 등으로 대체될 움직임을 보이고 있다.

이는 지금까지 사용되어 오던 달러 기축 통화가 붕괴되고 새로운 디지털 화폐가 세계 경제를 하나로 통일하는 기축 통화로 등장하는 것이며 오랫동안 세계 경제의 축이 되던 미국의 힘이 쇠퇴하고 디지털 화폐를 지배하는 새로운 경제 중심의 축이 등장한다는 것을 의미한다.

이같이 세계 경제의 지도가 전기 에너지와 디지털 화폐를 중심으로 지각 변동을 일으키는 가운데 국가 간의 경제력 균형도 극심한 갈등을 겪으며 새로운 평형을 찾아가게 될 것이다.

미국은 20세기 제2차 세계 대전 이후 세계의 경찰국가 역할을 해 왔지만 21세기 들어 국력의 급격한 약화와 더불어 이제는 자국의 이익을 우선하는 정책을 펴고 있으며 세계의 국가 간, 민족 간 갈등을 중재할 수 있는 능력은 점차 잃어 가고 있다. UN 또한 국가 간, 진영 간, 종교 간 분쟁을 조정하기에는 그 힘이 턱없이 부족한 것이 현실이다.

작금의 러시아의 우크라이나 침공에 대해 자유세계가 실질적인 도움을 주지 못하는 안타까운 상황에서 그 사례를 찾을 수 있다.

이는 21세기 들어 세계의 힘의 균형이 새로운 미지의 축을 중심으로 서서히 변화해 갈 조짐을 보이는 것을 의미한다.

분명하게 인류의 미래는 4차 산업혁명에 따른 초연결 사회의 도래, 인공 지능과 지능형 로봇 중심의 생활 환경의 지각 변동, 이에 따른 사회 시스템의 재설계, 전 지구적 재앙의 공동 대처 등 인류 역사상 그 어느 때도 겪어 보지 못한 새로운 시대를 맞이하고 있다.

유럽 연합은 과거 제1, 2차 세계 대전의 재발을 방지하기 위해 유럽의 석탄과 철강 산업을 통합하는 공동체로부터 출발하였으며 경제 공동체와 원자력 공동체를 거쳐서 1979년 유럽 의회로 구성되었다. 그 후에 20세기 말 유럽 연합이 설립되면서 단일 유럽 시장이 형성되었고 1999년 유로화가 도입되면서 경제 공동체가 본격적으로 출범하였다. 현재는 27개 회원국으로 확대되었으며 총인구 4억 5천만 명의 거대 연방국의 모습을 갖추고 있다.

유럽 연합은 향후 전 지구적 공동 대처를 위해 지구촌이 하나의 연방 형태로 연합할 수 있는 모형을 보여 준다고 할 수 있다.

20세기 말부터 성경학자들은 요한계시록에서 예언하고 있는 '666'으로 특징된 짐승이 지구 대통령으로 출현할 것이며 이는 유럽 대륙에서 나올 것이고 이를 위해 거대 유럽이 점차 하나로 연합되어 가고 있다고 주장해 왔다.

과연 유럽 연합에서 그러한 존재가 출현할 것인지는 두고 봐야 알겠지만 어쨌든 이제는 인류의 운명을 이끌고 갈 지도자의 출현과 전 인류를 통제할 수 있는 첨단 기술의 환경이 준비되어 가고 있음은 부인하기 어렵다.

3장

4차 산업혁명과
적 그리스도 시대

03

$$\boxed{1}$$

초연결과 통제된 사회를 향하여

1-1 과학의 발전은 하나님이 주신 능력

하나님은 인간을 창조하시고 땅을 정복하고 다스리라 하셨다.

창세기 1장 23절

"하나님이 그들에게 복을 주시며 그들에게 이르시되 생육하고 번
성하여 땅에 충만하라 땅을 정복하라 바다의 고기와 공중의 새와 땅
에 움직이는 모든 생물을 다스리라 하시니라"

창세기 2장 19~20절

"여호와 하나님이 흙으로 각종 들짐승과 공중의 각종 새를 지으시
고 아담이 어떻게 이름을 짓나 보시려고 그것들을 그에게 이끌어 이
르시니 아담이 각 생물을 일컫는 바가 곧 그 이름이라 아담이 모든
육축과 공중의 새와 들의 모든 짐승에게 이름을 주니라"

어떤 대상을 놓고 모두가 공감할 수 있는 적당한 의미가 함축된

이름을 지어 주는 것은 쉽지 않은 일이다. 아담이 그 앞을 지나가는 짐승들에게 그럴듯한 이름을 지어 주는 것도 쉽지 않았을 것이다. 혹자는 말하기를 아담은 지금의 우리보다 몇만 배의 지능을 갖고 있었고 인간의 타락으로 인해 현재는 그 지능의 극히 일부만 활용되고 있다고도 말한다.

하나님은 인간이 이 땅에서 생육하고 번성하고 땅을 정복하고 다스리기 위해서는 많은 지혜와 능력이 필요하다는 것을 잘 알고 계셨다. 그래서 마치 다이아몬드 원석을 가공하듯이 스스로 갈고닦아 발전시킬 수 있도록 엄청난 원석들을 세상 곳곳에 묻어 놓으셨다. 그리고 이들을 가공하여 보석을 만들 수 있는 능력을 인간에게 선물로 주셨다. 이를 이용하여 세상 만물의 복잡한 이치를 마치 광산에서 값비싼 보석들을 캐내듯이 발견하고 연구하고 발전시켜 세상을 정복하고 다스리게 하셨다.

사실 지금까지 눈부시게 발전해 온 과학 기술들은 아무것도 없는 무에서 유를 창조한 것이 아니다. 단지 자연에 운용되는 수많은 불변의 법칙과 원리를 인간이 꾸준히 연구하고 발견하여 이를 응용해 온 것이다.

인간은 하나님이 세상을 운용하시는 법칙에서 벗어나서 아무것도 인위적으로 만들어 낼 수 없다.

누가 뉴턴이 발견한 만유인력의 법칙을 거슬러서 높은 곳에서 천천히 아무 충격 없이 뛰어내릴 수 있는가? 낙하산이라도 메고 뛰어내려야 다치지 않을 것이다.

1차 산업혁명 때 증기 기관이 발명되었고 증기를 이용한 기차, 섬유 기계, 증기 선박 등이 출현하고 증기를 이용한 기계 공업이 발달하여 대중교통과 대량 생산의 시대가 열림에 따라 사람들의 삶이 풍요로워지기 시작했다.

증기 기관은 물에 열을 가하면 끓어서 증기가 되면서 부피가 팽창하여 압력이 높아지는 원리를 이용한 것이고 이 압력은 기계를 돌리는 에너지가 되었다.

그러면 생각해 보자. 물을 끓이면 증기가 되고 부피가 팽창하는 원리를 누가 만들었는가? 인간인가? 아니면 하나님인가? 원래부터 그냥 그런 것이라고 말할 수 있는가?

만일 물에 열을 가하면 기체가 되지 않고 얼음과 같은 고체가 되어 부피가 팽창하지 않는다면 증기 기관을 만들 수 있었겠는가? 인간은 단지 물이 열을 받아 끓으면 증기가 되면서 부피가 팽창한다는 자연의 원리를 발견해서 증기 기관의 개발에 응용했을 뿐이다.

자동차의 에너지원인 휘발유나 에어컨의 냉매도 마찬가지이다. 엔진 룸에서 휘발유를 공기와 함께 압축시켜 연소, 폭발시키면 팽창 압력이 발생하여 자동차 바퀴를 회전시키는 동력이 전달된다.

에어컨의 냉매인 염화불화탄소(프레온가스)는 압축된 액체 상태에서 기화할 때 주위의 열을 빼앗아 가므로 에어컨의 냉매로 많이 사용되어 왔다. 만일 휘발유나 프레온가스가 연소되지 않거나 기화되지 않는 성질이라면 지금까지 자동차도 에어컨도 우리의 삶에서 찾아볼 수 없었을 것이다. 이러한 물리적 성질들은 하나님이 처음부터 각 물질에 부여해서 인간이 이를 응용할 수 있도록 해 준 것이고 인간은 이런 고유적인 성질을 발견하여 응용하는 것뿐이다.

21세기 들어 유전자 치료 기술이 발전하면서 불치의 질병을 일정 부분 치료하는 것이 가능하게 되었고 개인별 맞춤형 치료 기술도 발전하기 시작하였다. 심지어는 유전자 분석 기술로 개인별 특정 질병의 발병 가능성을 예측하여 미래를 대비할 수 있는 기술도 개발되고 있다.

많은 질병이 유전적 결함으로 특정 유전자가 결여되어 정상적인 기능이 결핍되며 발병한다. 암 발생의 경우 돌연변이로 종양 억제 유전자에 유전적 결함이 나타난다. 이 경우 종양 억제 유전자를 환자의 암세포에 인위적으로 전달하여 종양을 치료할 수 있다.

이때 사람이 하는 일은 유전자 결함의 메커니즘을 발견하여 특정 유전자를 치료제로 투여하여 치료하는 것뿐이다. 왜 유전자 결함이 나타나는지 사람은 알 수 없고 단지 필요한 유전자를 투여해 주니까 치료가 되는 결과를 알게 되어 이를 많은 환자에게 적용하는 것이다.

유전자 분석 기술이 발전하면서 사람이 이러한 과정들을 연구하여 건강을 회복시킬 수 있는 치료 방법을 찾아낼 수 있도록 하나님께서 길을 열어 놓으신 것이다.

전기 차를 비롯한 스마트폰, 무선 청소기, 로봇 등 리튬 이온 배터리가 없었다면 4차 산업혁명은 오지 않았을 것이다.

배터리에 들어가는 주요 금속 물질인 리튬(Li, Lithium)은 대기 중에 안정한 상태로 있지 못하고 항상 전자를 잃어버리고 이온화(Li-
)Li$^+$)하려는 경향을 강하게 갖고 있다. 즉, 산화물이나 화합물 상태여야 안정하게 되는 특성이 있다. 이러한 전자를 잃어버리려는 경향을 이용하여 방출한 전자들을 배터리에 저장, 즉 충전하였다가 방전, 즉 전기를 발생시켜 사용한다.

그러면 리튬이 대기 중에서 전자를 잃어버리려고 하는 성향은 원래 없었던 것인데 인간이 만든 것일까? 그렇지 않다. 하나님께서 처음부터 리튬 금속에 이러한 특성을 부여하신 것이다. 단지 인간의 과학 기술이 발전함에 따라 이러한 특성을 발견하여 노벨상을 타고 기업들이 이를 응용하는 기술을 개발하게 된 것이다. 이러한 원리를 이용하여 리튬 2차 전지가 개발되었고 전기 자동차뿐만 아니라 스마트폰 등 모든 모바일 기기가 꽃피우는 4차 산업혁명이 도래하게 된 것이다.

4차 산업혁명 시대의 석유와 같은 존재인 반도체는 어떠한가? 실리콘 반도체는 특별한 조건에서만 전기가 통하는 특성을 갖고 있다. 전기가 통할 때 발생하는 전기 전도도는 전기가 통하지 않는 고무 등과 같은 절연체보다는 크고 구리 선 등과 같이 전기가 잘 통하는 도체의 값보다는 작다. 그래서 반도체라고 한다.

반도체의 특성은 불순물이나 첨가물에 따라 달라진다. 이러한 전기적인 특성을 이용한 반도체는 스마트폰에서부터 슈퍼컴퓨터에 이르기까지 없어서는 안 되는 핵심 소재이다.

그러면 이러한 반도체의 특성은 어디에서부터 온 것인가? 이 또한 하나님께서 처음부터 우리에게 주신 것이다. 인간은 단지 그 특성을 찾아내어 지혜롭게 응용할 뿐이다.

반도체의 원료가 되는 메탈 실리콘은 지구 자원 중 약 25% 이상이 존재한다. 이 풍부한 자원은 어디에서 온 것인가? 만일 하나님이 창조 시에 천연자원 중 이같이 풍부한 실리콘 자원을 주시지 않았다면 지금의 반도체 산업도 4차 산업혁명도 불가능했을 것이다.

노아의 홍수 이후 매몰된 동식물이 분해되어 생성된 화석 연료인 석유나 석탄 그리고 반도체의 원료인 실리콘과 배터리의 원료인 리튬 금속 등 모든 것은 하나님께로부터 온 것이다. 하나님이 주시지 않았다면 모든 산업혁명은 원천적으로 불가능하다. 단지 사람들이 이를 모르고 있을 뿐이다.

1-2 초연결되어 가는 인류

창세기 11장 1~9절에서 노아의 대홍수 이후에 바벨탑 사건이 나온다.

창세기 11장 1~9절

"온 땅의 구음이 하나이요 언어가 하나이었더라 이에 그들이 동방으로 옮기다가 시날 평지를 만나 거기 거하고 서로 말하되 자 벽돌을 만들어 견고히 굽자 하고 이에 벽돌로 돌을 대신하며 역청으로 진흙을 대신하고 또 말하되 자 성과 대를 쌓아 대 꼭대기를 하늘에 닿게 하여 우리 이름을 내고 온 지면에 흩어짐을 면하자 하였더니 여호와께서 인생들의 쌓는 성과 대를 보시려고 강림하셨더라

여호와께서 가라사대 이 무리가 한 족속이요 언어도 하나이므로 이같이 시작하였으니 이후로는 그 경영하는 일을 금지할 수 없으리로다 자 우리가 내려가서 거기서 그들의 언어를 혼잡케 하여 그들로 서로 알아듣지 못하게 하자 하시고 여호와께서 거기서 그들을 온 지면에 흩으신 고로 그들이 성 쌓기를 그쳤더라 그러므로 그 이름을 바벨이라 하니 이는 여호와께서 거기서 온 땅의 언어를 혼잡케 하셨음이라 여호와께서 거기서 그들을 온 지면에 흩으셨더라"

대홍수 이후 인류는 벽돌을 고온에서 구워 강도를 갖게 하는 기술과 역청을 사용하여 벽돌과 벽돌을 쌓아 나가는 기술을 발견하여 탑을 높게 건축할 수 있는 기술이 발달하게 되었다. 지금으로 말하자면 수백 층의 높은 빌딩을 건축할 수 있는 과학 기술이 발달하게 된

것이다. 탑을 높게 쌓을 수 있게 되자 인간은 힘을 합하여 탑을 하늘 끝까지 높게 쌓아서 만천하에 우리의 이름을 내고 하나님 앞에서 인간의 능력을 과시하고자 하는 마음을 품게 되었다.

인간이 바벨탑을 쌓고자 하는 일은 그 동기가 불순하여 하나님이 금지하셔야 하는 악한 일임을 알 수 있다.

창세기 6장 5~6절

"여호와께서 사람의 죄악이 세상에 관영함과 그 마음의 생각의 모든 계획이 항상 악할 뿐임을 보시고 땅 위에 사람 지으셨음을 한탄하사 마음에 근심하시고"

하나님은 노아의 홍수 이전의 모든 사람 마음의 생각과 계획이 항상 악하다고 하셨는데 이는 대홍수 이후의 노아의 후손들도 마찬가지임을 말해 주고 있다.

마음의 생각과 계획이 항상 악한 인류가 공동체 생활을 할 때 그 파급력은 더욱 커질 수 있다. 바벨탑 사건 이전의 인류는 하나의 민족으로 하나의 언어로 생활하였다.

하나님께서는 그들의 언어를 의도적으로 혼잡케 하셔서 서로 알아듣지 못하게 하시고 온 지면에 흩으셔서 힘을 분산시킴으로써 성 쌓기를 그치게 하셨다. 성 쌓기를 그치게 하신 것 그 자체보다도 인류가 하나가 되어 성을 높이 쌓아 자기 능력을 과시하려고 할 때 인류가 하나님께로부터 더욱 멀어지는 급속한 타락을 방지하기 위함이 아니었나 생각해 볼 수 있다. 그런 관점에서 보면 언어의 혼잡함은 인류에게 필연적인 것이라 할 수 있다.

노아의 홍수가 인류의 완전한 타락을 막기 위한 하나님의 심판이었다면 바벨탑 사건은 인류의 타락을 지연시키고 먼 훗날 메시아가 이 땅 위에 오셨을 때 하나님의 백성들에게 회개의 기회를 주시기 위한 먼 미래를 내다보시는 하나님의 역사이다.

아브라함의 시대에도 소돔과 고모라 성의 동성연애가 만연함을 보시고 천사들을 보내어 불과 유황비를 내려서 성을 뒤엎고 흔적도 없이 멸하셨는데 이는 동성연애라는 위험한 바이러스가 인류 전체에 급속하게 퍼지는 것을 막기 위한 하나님의 심판인 것으로 생각된다.

바벨탑 사건 이후에 인류는 나라마다 다른 언어를 사용하게 되었고 우리가 사는 지금도 지구에는 수백 가지 이상의 언어가 존재하고 있다.

바벨탑 사건을 대홍수 이후 약 110~150년 이후로 추정하면 인구 수는 약 120여 명 안팎이었을 것으로 추측된다. 그 후 약 4,000년이 지난 지금 전 세계 인구는 약 78억여 명이다. 바벨탑 사건 이후 여러 민족으로 나뉜 인류는 지금도 약 200여 개 국가로 존속되고 있다. 그러나 지금은 또다시 모든 국경을 넘어서 인터넷으로 지구촌이 하나로 연결되는 단계로 나아가고 있다.

이미 유·무선 인터넷이 이동 중을 포함하여 모든 곳에서 연결되고 있고 앞으로는 위성 인터넷으로 어느 곳에 있든지 연결되는 세상이 올 것이다.

영어를 사용하여 국적을 불문하고 서로 소통할 수 있을 뿐만 아니라 인공 지능 통·번역 서비스로 어느 나라 언어를 사용하든지 자유로운 소통이 가능해지면서 외국어를 몰라도 어디든지 여행할 수 있고 외국어 문서도 쉽게 자동 번역되어 정보 접근성도 용이해지고 있다.

바다 건너 미국이나 유럽에서 일어나는 일들이 바로 전 세계로 퍼져 나가고 있고 저 멀리 터키나 브라질에서 일어나고 있는 사태가 우리나라를 비롯하여 모든 세계로 경제, 사회, 정치, 군사적으로 즉

시 영향력을 미치는 그야말로 모든 지구촌이 더욱 가까워져서 하나로 연결되는 세상에서 살고 있다는 것을 실감하고 있다.

하나로 묶여 가는 이러한 세상 속에서 과연 인류는 어떤 길을 선택할 것인가?

4차 산업혁명의 핵심인 인공 지능은 인간의 뇌 뉴런의 메커니즘을 그대로 모방한 것이고 전기 차의 자율 운행 기술도 카메라와 인공 지능으로 보고 판단하여 운전하는 방식이, 인간이 눈으로 보고 뇌로 판단하여 운전하는 것을 그대로 모방한 것이다. 컴퓨터는 인간보다 방대한 데이터를 저장하고 훨씬 빠른 속도로 연산함으로써 인간의 능력을 뛰어넘을 수가 있다. 4차 산업혁명의 근간이 되는 첨단 반도체 기술도 소프트웨어 기술도 모두 하나님이 세상 만물을 창조하신 질서와 원리를 응용하는 가운데 태어난 것이다.

하나님이 창조하신 이 세계의 신묘막측함을 우리가 하나님이 주신 두뇌로 이해하고 모방, 즉 응용할 때 첨단 과학 기술은 발전하고 4차 산업혁명도 가능하다. 중요한 것은 인간은 결코 무에서 유를 창조할 수는 없는 것이고 하나님의 일반 은총을 떠나서는 인간은 아무것도 할 수 없다는 것이다.

초고속 인터넷과 데이터 통신 네트워크로 인류는 점차 초연결되고 하나로 통합이 되는 시대, 마치 먼 옛날 바벨탑 시대와 같은 방향으로 다시 나아가고 있다.

인류는 4차 산업혁명으로 힘을 통합하는 집단 지성의 능력으로 최첨단 과학 기술을 꽃피워 이를 가능하게 하신 하나님께 영광을 돌릴 것인가, 아니면 바벨탑 시대와 같이 탑을 높이 쌓아 이름을 높이 내어 하나님의 영광과 견주는 저주의 길을 스스로 선택할 것인가?

4차 산업혁명이 지배하는 환경이 발전할수록 인류의 스마트하고 초연결된 삶은 편리함과 만족함이 극에 달하겠지만 하나님 없는 인간 중심의 첨단 기술이 인류에게 좋은 영향력만 미치고 반대급부는 없는 것일까?

밝은 부분이 있는 반면 또 다른 한편으로는 인간의 타락한 본성을 자극하는 어두운 부분을 우려하지 않을 수 없다. 제2차 세계 대전 때 악명 높았던 독일 나치의 지도자들은 평화 시대에는 대부분 평범한 국민이었다. 그러나 전시의 극단적인 환경에서 그들의 내면에 깊이 감추어져 있던 잔인성이 적나라하게 드러난 것이다.

가상 공간의 음습한 곳에서 빠르게 퍼지는 폭력성과 선정성 그리고 극단적 이기주의와 인본주의의 성향은 초고속 네트워크를 통해 지구촌 모든 곳에 그 영향력과 파급력이 더욱 극대화되고 이는 평범한 인간이라 할지라도 급속하게 타락하게 할 수 있는 인류의 잠재성을 더욱 자극할 것임이 분명하다.

최근 과거와는 비교할 수 없을 정도로 사람들의 마음이 척박해져 가고 있고 마약과 컴퓨터 도박, 성매매, 동성연애, 인명 경시 등의 타락된 문화가 성인 사회뿐만 아니라 청소년 사회에서 인터넷을 타고 급속하게 구석구석 퍼지고 있는 것은 참으로 우려할 일이 아닐 수 없다.

남아공에서 발생한 오미크론 바이러스가 순식간에 모든 나라에서 우세종이 되는 것을 보며 지구촌이 얼마나 가까워졌는지를 알 수가 있다. BTS가 모든 나라의 젊은이에게 강력한 문화적인 영향을 미치고 있고 한국 영화 「오징어 게임」이 넷플릭스를 통해 세계 모든 나라에서 공감을 일으키는 것은 세계가 인터넷으로 하나로 연결되어 가고 있는 것을 실감할 수 있는 사례이다.

다니엘서 12장 4절

"많은 사람이 빨리 왕래하며 지식이 더하리라"

1-3 통제된 사회로의 변화

21세기 들어 많은 사회적, 환경적 문제가 더 이상 한 나라의 힘만 으로는 해결할 수 없는 상황이 되어 가고 있다.

앞에서 언급한 세계적 식량 문제, 환경 재앙, 직업 선택의 지각 변 동, 도덕적인 극단의 타락, 가치관 혼돈의 위기, 빈부 격차의 심화뿐 만 아니라 나라와 민족의 뿌리 깊은 갈등과 종교, 문화적 충돌 등에 따른 전 지구적인 문제 해결을 위해 국가를 초월한 협력 시스템의 필요성이 높아져 가고 있다.

80억 가까운 인류의 팽창은 더 이상 인류가 지구에 거할 수 없는 한계 상황에 이를 것이고 환경 또한 제어할 수 없을 정도로 오염되 어 가고 있는 것은 자명하다.

테슬라 최고 경영자인 일론 머스크는 스페이스 엑스 프로젝트를 통해 인류가 화성으로 이주할 것을 꿈꾸고 있다, 과연 이러한 시도 는 성공할 것인가?

많은 SF 영화에서 인류의 종말을 고하는 내용이 봇물이 터지듯 나 오고 있다. 모든 인류의 마음속에 잠재해 있는 인류의 종말이 가까 워져 올지 모른다는 무의식적인 위기감을 반영한 것이라 할 수 있 다. 그런데 과연 인간은 4차 산업혁명의 도약과 함께 막강한 과학 기술의 힘으로 인류 구원의 유토피아를 구현할 수 있을까?

한편 스마트하고 초연결된 사회는 도심 한가운데 있는 거대한 슈퍼컴퓨터의 프로그램을 두뇌로 하여 통제되는 사회로 나아갈 수 있다. 이는 인공 지능 컴퓨터의 초월적인 능력으로 중앙에서 모든 사회 구석구석을 통제할 수 있음을 의미한다.

이는 2008년에 상영된 미국 영화 「이글아이」를 연상할 수 있다. 이 영화는 펜타곤에 있는 인공 지능 괴물 컴퓨터가 평범한 시민들을 테러리스트가 되도록 조종하여 대통령을 암살하려고 하는 내용이다.

만일 누가 의도적인 계획을 가지고 인공 지능 컴퓨터에 왜곡된 명령을 수행하게 하는 프로그램을 고의적으로 심는다면 모든 사물에 탑재된 AP에 의도된 명령이 전달되어 파괴적인 행위를 일으키는 일이 일어날 수 있다. 결국은 인공 지능 컴퓨터도 사람이 선의 혹은 악의로 사용하느냐 따라 그 결과는 크게 달라질 수 있다. 따라서 인공 지능 컴퓨터를 누가 장악하느냐 하는 것이 아주 중요한 문제가 되는 것이고 그 영향력은 막강하다고 할 수 있다.

처음에는 선한 의도로 시작하지만 기술이 일반화되면 반드시 악한 의도로 잘못 사용되는 일이 나타나고 그 영향력은 과거와 다르게 막강하다고 할 수 있다.

인공 지능 스마트화는 사람에게 환상적인 경험을 제공해 주는 동시에 거대 클라우드 컴퓨터를 특정 집단이 장악할 경우 가공할 만한 인류 위기가 초래될 수 있다는 것도 동시에 암시해 주고 있다.

영화 「터미네이터 제니시스」에서 나오는 스카이넷과 같이 스스로 학습하고 사고를 하며 인류를 통제하는 슈퍼컴퓨터가 현실이 될 수도 있는 것이나.

전 지구적 문제 해결을 위해서는 국가를 초월한 협력 시스템을 주도해 나갈 수 있는 리더십이 필요한데 이 리더십은 슈퍼컴퓨터를 등에 업고 세상을 통제하는 존재로 등장할 수 있다.

이 같은 통제는 중국 공산당이 14억 인구를 철저히 통제하여 코로나19의 전파를 거의 완전하게 막은 사례에서 볼 수 있는 것처럼 국가적인 재앙을 효율적으로 막을 수 있는 수단이 되지만 한편으로는 개인의 자유를 속박할 수 있는 강력한 도구가 될 수도 있다.

현실에서 실제 존재하는 중국 공산당의 실태를 한번 살펴보자.

중국 공산당은 최첨단의 디지털 장비를 총동원해서 국민 개개인의 일거수일투족을 감시하며 기록하여 강력한 지배력을 확대해 나가고 있다. 중국 국민의 언행이 어디에서나 녹화되고 개인의 신상 정보가 빅 데이터로 쌓여 가며 정부의 감시를 받고 있다.

중국에는 모택동 정부 시대의 홍위병과 같은 8000만 명이 넘는 공산주의 청년단이 조직되어 있다. 이들은 애당, 애국으로 세뇌된 열심 당원들이며 조직적으로 중국 인터넷 공간에서 감시, 검열, 게시물 도배, 댓글 공작 등을 하고 있다. 이들은 국가 이익에 반한다고 판단되면 언제든지 인터넷 집단 테러를 감행하며 해외 웹 사이트에서도 인터넷 테러를 일삼고 있다. 또한 일반 네티즌 9~10명을 한 명이 감시하고 견제한다고 한다.

이들을 중심으로 중국은 강력한 디지털 장악력을 내세워 14억 인구를 통제하고 대중을 선동하면서 강력한 독재 국가의 뿌리를 내리고 있다.

이는 4차 산업혁명의 도래와 함께 전 세계에서 자유주의가 심각한 위기에 처할 수 있음을 보여 주는 사례이다. 은밀한 상호 감시로 친밀한 신뢰의 공동체는 무너지고, 신성한 사생활의 공간이 침범을 당하고 있는 것이다.

중국 공산당의 정치적 상황은 조지 오웰의 소설 『1984년』의 빅 브라더와 같은 세상을 보여 주고 있다. 소설보다도 더욱 진보된 인터넷과 인공 지능, 사물 인터넷으로 더욱 촘촘하고 완벽한 감시와 통제 사회 속에서 일당 독재와 1인 우상화 정책을 강력하게 추진하고 있는 것이 중국의 현실이다. 이는 앞으로 다가올 세상이 디지털 장악력을 앞세운 엘리트 집단에 의해 지배될 수 있음을 보여 주는 어두운 그림자이다.

2
마지막 때와 불법의
사람의 그림자

에덴동산에서 아담과 하와가 범죄하여 쫓겨난 후 하나님께서 인간
에게 주셨던 땅을 정복하고 다스리라고 하신 권세는 사단에게 넘어
갔다. 사단은 광야에서 예수님을 시험하면서 다음과 같이 말하였다.

누가복음 4장 6절
"가로되 이 모든 권세와 그 영광을 내가 네게 주리라 이것은 내게
넘겨준 것이므로 나의 원하는 자에게 주노라"

인간은 에덴동산에서 쫓겨나며 선과 악을 알게 되었으나 하나님
처럼 선과 악을 다스릴 수 있는 능력은 없고 오히려 인간을 타락시
킨 사단과 동질화되는 존재가 되었다.

에베소서 2장 2~3절
"그때에 너희가 그 가운데서 행하여 이 세상 풍속을 좇고 공중의
권세 잡은 자를 따랐으니 곧 지금 불순종의 아들들 가운데서 역사하

는 영이라 전에는 우리도 다 그 가운데서 우리 육체의 욕심을 따라 지내며 육체와 마음의 원하는 것을 하여 다른 이들과 같이 본질상 진노의 자녀이었더니"

요한복음 8장 44절

"너희는 너희 아비 마귀에게서 났으니 너희 아비의 욕심을 너희도 행하고자 하느니라 저는 처음부터 살인한 자요 진리가 그 속에 없으므로 진리에 서지 못하고 거짓을 말할 때마다 제 것으로 말하나니 이는 저가 거짓말쟁이요 거짓의 아비가 되었음이니라"

2-1 하나님이 주신 양심

그러나 인간이 비록 타락하였을지라도 하나님의 형상을 따라 지으심을 받은 인간의 마음속에 하나님께서는 본래부터 양심을 주셨다. 이 양심은 본성적으로 인간이 정해진 선을 넘지 않고 질서 있고 순리적인 삶을 살아갈 수 있도록 하는 하나님이 주신 규범이다. 이러한 규범의 중요성에 대한 한 가지 예를 들어 보자.

본래 양방향 통행 도로였던 길이 있는데 한쪽 차량 통행량이 과도하게 많아져서 양방향 통행 도로를 한 방향 통행 도로로 변경했다고 하자. 과거에는 반대 방향으로 다니던 차들도 이제는 변경된 한 방향 통행 도로로 다니면 역주행이 된다. 따라서 개인의 편의를 위해서 자기 마음대로 교통 법규를 위반하며 함부로 운전해서는 안 된다. 한 방향 도로로 변경을 한 것은 원활한 교통질서를 위해 취한 조

치이다. 사회 구성원들은 사회의 안전과 행복을 위해 교통 법규를 지켜야 한다. 만일 법규를 위반하고 종전과 같이 반대 차선으로 주행하면 질서는 무너지고 대형 사고가 일어날 것이다. 이 교통 법규는 하나님이 인간에게 주신 양심에 해당한다.

성경에는 하나님이 인간에게 주신 양심에 대해 다음과 같이 언급되어 있다.

로마서 2장 14~15절

"율법 없는 이방인이 본성으로 율법의 일을 행할 때는 이 사람은 율법이 없어도 이 사람은 자기가 자기에게 율법이 되나니 이런 이들은 양심이 그 증거가 되어 그 생각들이 서로 혹은 송사하며 혹은 변명하여 그 마음에 새긴 율법의 행위를 나타내느니라"

교통 법규를 지키는 것이 안전 운행을 위해서인 것처럼 양심에 따른 규범 있는 삶을 살며 양심의 가책에 따라 주어진 경계를 벗어나지 않도록 하는 것도 창조적인 질서 아래에서 인간의 번영과 행복을 위해 하나님이 주신 것이다.

로마서 1장 18~19절

"하나님의 진노가 불의로 진리를 막는 자들의 모든 불의와 경건치 아니함에 대하여 하늘로부터 나타나나니 이는 하나님을 알 만한 것이 저희 속에 보임이라 하나님께서 이를 저희에게 보이셨느니라"

"하나님을 알 만한 것이 저희 속에 보임이라"라는 말씀은 하나님이 우리에게 양심을 주시고 양심을 따라 살면 하나님을 알 수 있는 길이 있음을 의미한다.

하나님이 주신 양심을 따라 순리를 거스르지 않고 살아가면 풍족히 가진 자는 없는 자에게 나누어 줄 수 있고 부유한 나라는 가난한 나라를 도와줄 수 있으며 인류의 평화와 번영을 이루어 갈 수 있었을 것이다.

그러나 인류 역사의 시작부터 불순종으로 하나님을 마음에 두기 싫어하게 된 인간의 속성에서 잉태되고 열매 맺게 된 어두운 죄성은 본질적으로 평등한 사회를 불가능하게 만들 수밖에 없다.

로마서 1장 28~32절

"또한 저희가 마음에 하나님 두기를 싫어하매 하나님께서 저희를 그 상실한 마음대로 내어 버려두사 합당치 못한 일을 하게 하셨으니 곧 모든 불의 추악 탐욕 악의가 가득한 자요 시기 살인 분쟁 사기 악독이 가득한 자요 수군수군하는 자요 비방하는 자요 하나님의 미워하는 자요 능욕하는 자요 교만한 자요 자랑하는 자요 악을 도모하는 자요 부모를 거역하는 자요 우매한 자요 배약하는 자요 무정한 자요 무자비한 자라

저희가 이 같은 일을 행하는 자는 사형에 해당하다고 하나님의 정하심을 알고도 자기들만 행할 뿐 아니라 또한 그 일을 행하는 자를 옳다 하느니라"

하나님께서 정해 주신 질서, 즉 양심의 한계를 넘어갈 때 마치 역주행으로 사고가 나듯이 인간의 삶은 뿌리 깊은 죄성으로 인해 파괴적인 삶으로 귀결될 수밖에 없고 그 결과 지구는 심각하게 병들어가며 이제는 마지막 때를 고하고 있는 것이다.

2-2 구속사적 인류 역사

하나님께서 아담의 범죄 이후 본성적으로 타락해 갈 수밖에 없는 인류의 완전한 타락을 저지하고 아브라함을 통해 인류 구원을 약속하시고 이루어 가시는 구속사적인 인류 역사를 살펴보자.

아벨과 에녹 등 인류 초기에는 믿음의 의인들이 있었지만 시간이 지날수록 적은 누룩이 온 덩어리에 퍼지듯이 인류는 하나님께로부터 멀어져 가며 더욱 타락하게 되었고 만일 노아의 홍수가 없었다면 인류는 완전 타락의 상황에 이르렀을 것이다.

노아의 홍수 이후 인류 역사는 믿음의 의인 노아를 중심으로 새로 시작되었지만 노아의 아들인 셈, 함, 야벳도 역시 아담의 죄성에서 벗어날 수는 없었다.

바벨탑 시대에는 하나님께서 강림하셔서 언어를 혼잡케 하여 인류가 흩어지게 하셨고 소돔과 고모라에 유황불을 비와 같이 내려서 동성애 바이러스 근원지를 직접 제거하며 인간의 타락을 막으셨다.

하나님께서는 노아의 후손인 아브라함의 충직됨을 보시고 그를 택하심으로써 구체적인 인류 구원의 약속이 아브라함으로부터 구체화되기 시작하였다. 하나님께서 그의 흠 없는 행위를 보신 것이 아니고 훗날 이 땅 위에 오실 예수 그리스도를 위해 택한 그릇으로 그의 믿음과 순종의 가능성을 보셨을 것이다.

요한복음 8장 56절

"너희 조상 아브라함은 나의 때 볼 것을 즐거워하다가 보고 기뻐하였느니라"

요한복음 8장 58절

"예수께서 가라사대 진실로 진실로 너희에게 이르노니 아브라함이 나기 전부터 내가 있느니라 하시니"

아브라함이 모리아산에서 하나님의 지시하심을 좇아 이삭을 하나님께 번제로 드리려고 했을 때 그의 믿음은 절정을 보여 준다. 이 일로 하나님께서는 아브라함의 믿음을 확증하시고 믿는 자들의 조상이요, 복의 근원, 즉 그로 말미암아 예수 그리스도께서 이 땅에 오실 것임을 약속하셨다. 믿음의 조상 아브라함이 독생자 이삭을 하나님께 드린 것은 하나님께서 우리를 위해 독생자를 주실 것을 예표하는 상징적인 것이라 할 수 있겠다.

창세기 22장 16~18절

"가라사대 여호와께서 이르시기를 내가 나를 가리켜 맹세하노니 네가 이같이 행하여 네 아들 네 독자를 아끼지 아니하였은즉 내가 네게 큰 복을 주고 네 씨로 크게 성하여 하늘의 별과 같고 바닷가의 모래와 같게 하리니 네 씨가 그 대적의 문을 얻으리라 또 네 씨로 말미암아 천하 만민이 복을 얻으리니 이는 네가 나의 말을 준행하였음이니라 하셨다 하니라"

아브라함 이후 하나님께서 이스라엘의 출애굽과 가나안 정복 과정에서 모든 기사와 이적을 통해 하나님의 영광을 모든 열방 민족에게 나타내셨다.

하나님이 택하신 선민 이스라엘의 개국 이래로는 율법과 제사와 선지자와 예배를 주시고 이스라엘 역사를 통해 온 천하에 여호와만

이 오직 하나님이심을 나타내시며 우상으로 만연해 가는 죄악의 암흑세계 가운데서도 인류의 완전한 부패를 막으셨다.

구약 시대에는 사단이 이스라엘을 우상으로 미혹케 하여 주변의 이방 족속을 따라가게 하여 철저히 타락시킴으로써 장차 메시아가 이 땅 위에 오실 하나님의 구속 사역을 막으려고 하는 궤계를 읽을 수 있다.

그러나 하나님께서는 바알에게 무릎을 꿇지 않는 칠천 인과 선지자들 그리고 고난 속에서도 꿋꿋이 믿음을 지키는 소수의 충성된 아브라함의 자손을 통해 마침내 약속대로 이 땅 위에 임마누엘 하나님 메시아를 보내 주시었다.

예수님의 부활 승천 이후에 오순절 성령 강림과 더불어 온 땅에 복음이 전파되고 곳곳에 교회가 세워지며 성령의 역사를 통한 택함을 받은 거룩한 교회와 성도들의 빛과 소금의 선한 영향력으로 인류의 타락은 지금까지 제어되어 왔다.

그러나 마지막 때에는 인류의 급속한 타락과 더불어 양심의 타락이 극도로 만연되는 시대를 예고하고 있다. 마지막 때에 타락을 향해 질주하는 인류 사회의 모습은 어떤 형태로 흘러갈 것인가?

디모데후서 3장 1절~5절

"네가 이것을 알라 말세에 고통하는 때가 이르리니 사람들이 자기를 사랑하며 돈을 사랑하며 자긍하며 교만하며 훼방하며 부모를 거역하며 감사치 아니하며 거룩하지 아니하며 무정하며 원통함을 풀지 아니하며 참소하며 절제하지 못하며 사나우며 선한 것을 좋아 아니하며 배반하여 팔며 조급하며 자고하며 쾌락을 사랑하기를 하나님 사랑하는 것보다 더하며 경건의 모양은 있으나 경건의 능력은 부인하는 자니 이 같은 자들에게서 네가 돌아서라"

2-3 강력한 리더십의 등장

4차 산업혁명의 시대에는 앞에서 언급했듯이 컴퓨터의 극도의 발달과 더불어 초연결되고 지능화되며 통제되는 가운데 중앙 집권적인 사회를 향해 정치, 사회, 경제적인 급격한 변화가 올 것임을 예견할 수 있다.

고도로 발달한 과학 기술은 전례 없는 첨단 기술 중심의 편리한 삶을 누리게 할 것이며 인류는 수많은 난제를 스스로 해결할 수 있을 것이라고 자신하며 사람이 오직 모든 세상의 중심이라고 외치는 인본주의가 만연하게 될 것이다.

20세기 말에 사람들은 21세기에 컴퓨토피아(Computopia, 컴퓨터와 유토피아의 합성어)가 올 것이라고 말하였다. 이는 컴퓨터의 극도의 발전과 더불어 과학 기술에 의한 유토피아가 건설될 것이라는 희망을 의미하는 말이었다. 과연 고도로 발달한 컴퓨터와 과학 기술만으로 인간이 지향하는 유토피아의 건설이 이루어질 수 있을까?

4차 산업혁명의 시대에는 메타버스 세계에서 공간을 초월하여 모든 사람이 가상 공간에서 쉽게 모이며 소통하며 서로 영향력을 미치기 쉬운 환경이 조성되어 고대의 바벨탑 시대와 비슷하게 지구 이 끝에서 저 끝까지 소통하며 통합되어 갈 수 있다.

이러한 환경은 인류가 하나의 리더십 또는 이데올로기 중심으로 급속하게 뭉칠 수 있는 에너지가 높아져 감을 나타낸다.

물속에 물방울들이 생기면 크기가 큰 물방울이 높은 표면 장력 에너지를 가지므로 작은 물방울들이 급속하게 큰 물방울 주위로 모여서 큰 물방울로 흡수되어 커져 가는 것을 볼 수 있다.

이처럼 강력한 대중 설득과 선동 능력을 갖춘 리더십이 등장했을 때 이를 중심으로 급격하게 대중이 쏠릴 수 있고 새로운 환경은 이를 강력하게 촉진시킬 수 있을 것이다.

제2차 세계 대전을 일으켜 온 유럽을 전쟁의 도가니로 몰아넣었던 히틀러는 강력한 선동 능력을 갖춘 웅변으로 청중을 매료시키며 등장하여 나치당을 중심으로 막강한 독일을 건설하며 전쟁을 촉발시켰다. 히틀러는 게르만 민족 우월주의를 내세우며 6백만 명의 유대인을 학살하는 홀로코스트 만행을 저질렀고 유럽 대부분의 나라에 씻을 수 없는 상처를 남겼다.

4차 산업혁명 시대에는 한 민족의 한정된 공간에 구애를 받지 않고 전 지구적인 공간에서 강력한 흡인력을 가지고 지지를 받는 리더십이 나타날 수 있다.

이 리더십은 인본주의를 중심으로 하나님을 대적하는 형태가 되어 클라우드 슈퍼컴퓨터를 기반으로 하는 초연결된 사회 체제 속에서 인공 지능과 빅 데이터, 지능형 로봇, 메타버스 등을 수단으로 모든 인류를 통제하며 대중의 열광적인 지지 속에 절대 권력으로 군림하는 것이 가능해질 것이다.

그리고 지구의 고질적 난제인 전쟁과 기근, 가난, 환경 오염, 온실가스 등을 탁월한 능력으로 해결하며 평화로운 유토피아 건설을 약속하고 정치 통합, 사회 통합, 경제 통합 등을 추진해 나갈 것이다.

데살로니가후서 2장 3~4절

"누가 아무렇게 하여도 너희가 미혹하지 말라 먼저 배교하는 일이 있고 저 불법의 사람 곧 멸망의 아들이 나타나기 전에는 이르지 아니하리니 저는 대적하는 자라 범사에 일컫는 하나님이나 숭배함을 받는 자 위에 뛰어나 자존하여 하나님 성전에 앉아 자기를 보여 하나님이라 하느니라"

데살로니가후서 6~7절

"저로 하여금 저의 때에 나타나게 하려 하여 막는 것을 지금도 너희가 아나니 불법의 비밀이 이미 활동하였으나 지금 막는 자가 있어 그중에서 옮길 때까지 하리라"

4차 산업혁명으로 물질문명의 풍요로움 속에 유토피아를 건설하며 평화를 얻는다 해도 사람에게는 떡으로만 채워질 수 없는 본래 하나님으로부터 채워져야 하는 영적 공간이 있다. 과거 구약 시대에는 이스라엘이 바알 신의 우상으로 채우려 했던 것처럼 이 시대는 또 다른 형태의 우상으로 하나님 대신 채우려 할 것이다. 전 지구적 난제들을 해결해 나가며 나타나는 강력한 리더십이 신적인 존재로 군림하며 추앙을 받을 것이다.

눈부신 과학 기술 위에 세워진 지능화되고 초연결된 사회는 강력한 신적 리더십을 중심으로 인류 역사상 그 어느 때보다 하나로 단합되어 눈부신 인류 사회의 번영과 행복을 자랑하며 인본주의를 중심으로 굳게 설 것이다. 사회 질서를 해치는 범죄와 리더십을 따르지 않고 저항하는 행위들은 철저한 통제와 징벌을 바탕으로 다스려지며 도덕적이고 이념적인 세계를 구현하려 할 것이다.

그런데 인본주의가 지배하는 세계일수록 하나님께서 거하실 만한 공간이 존재하지 않는 영적 암흑세계가 되고 하나님 중심의 메시아관을 가진 그리스도인들은 강하게 배척당하며 설 땅이 점차 좁아져 간다.

디지털화된 경제 사회에서 사회 가치를 따르지 않는 사람들은 경제적 생존권을 박탈당할 것이며 지배자에게 경배하지 않는 자는 누구든지 격리를 당하고 목숨을 빼앗기는 무서운 탄압의 시대가 찾아올 것이다.

요한계시록 13장 15절~18절

"저가 권세를 받아 그 짐승의 우상에게 생기를 주어 그 짐승의 우상에게 말하게 하고 또 짐승의 우상에게 경배하지 아니하는 자는 몇이든지 다 죽이게 하더라 저가 모든 자 곧 작은 자나 큰 자나 부자나 빈궁한 자나 자유한 자나 종들로 그 오른손에나 이마에 표를 받게 하고 누구든지 이 표를 가진 자 외에는 매매를 못 하게 하니 이 표는 곧 짐승의 이름이나 그 이름의 수라 지혜가 여기 있으니 총명 있는 자는 그 짐승의 수를 세어 보라 그 수는 사람의 수니 육백육십육이니라"

2-4 아마겟돈 전쟁과 인류의 운명

성경은 마지막 때에 온 천하의 왕과 그 군대, 즉 모든 인류가 이 세상의 지배자인 짐승으로 표현되는 사단과 연합하여 하나님을 대적하는 아마겟돈 전쟁을 일으킬 것을 말하고 있다. 물론 이는 상징적인 표현이므로 구체적으로 어떤 모습으로 인간이 사단과 연합하고 하나님을 대적하여 전쟁을 일으키는지는 알 수 없다.

4차 산업혁명이 꽃피우는 시대인 마지막 때에는 과학 기술이 극도로 발달하며 인류의 문명은 찬란하게 꽃을 피울 것이다. 인간의 능력이 신의 능력을 뛰어넘을 것이라는 자신감과 교만이 팽배한 가운데 모든 양심의 경계는 무너지고 도덕적 타락과 배금주의도 극도에 달할 것이며 영적인 암흑은 그 어느 때보다 심화될 것이다.

또한 모든 인류가 하나님을 부정하는 배교적 가치관이 팽배한 가운데 하나님을 경외하는 경건한 백성들에 대한 핍박이 점점 심해질 것이다.

인류는 자칭 하나님이라 하는 불법의 사람이고 멸망의 사람인 지도자를 신으로 옹립하고 인간 중심의 영원한 유토피아를 건설하려 할 것이며 그 배후에는 인간을 미혹하는 사단이 자리 잡고 있는 것이다.

이러한 모든 시도는 더 이상 하나님께서 용납하실 수 없는 우상숭배와 인본주의의 만연 그리고 도덕의 극단적인 타락과 더불어 마지막 심판의 때가 올 것임을 가리킨다.

다니엘서 38~39장에서는 마지막 때에 북방 민족 곡의 로스와 메섹과 두발 연합군이 이스라엘과의 큰 전쟁에서 패하고 하몬곡 골짜기에 매장되며 각종 새와 짐승의 밥이 되면서 이 전쟁을 통해 하나님의 거룩함과 영광이 나타날 것을 예언하고 있다.

요한계시록 16장 13~14절

"또 내가 보매 개구리 같은 세 더러운 영이 용의 입과 짐승의 입과 거짓 선지자의 입에서 나오니 저희는 귀신의 영이라 이적을 행하여 온 천하 임금들에게 가서 하나님 곧 전능하신 이의 큰 날에 전쟁을 위하여 그들을 모으더라"

요한계시록 16장 16절

"세 영이 히브리 음으로 아마겟돈이라 하는 곳으로 왕들을 모으더라"

아래의 말씀을 보면 하늘의 별들이 떨어지며 땅의 사방의 바람이 불지 못하게 되며 해와 달이 빛을 잃고 어두워진다고 말한다.

이러한 심판은 인간이 더 이상 지구에서 생존할 수 없다는 마지막 심판을 의미한다. 그러면 인간이 건설해 온 4차 산업혁명 사회는 어떤 상황이 될 것인가?

하늘의 별들이 떨어지면 위성도 함께 떨어지고 초고속 통신 체계도 함께 무너진다. 해와 달이 어두워지고 바람이 불지 않으면 신재생 에너지인 태양 에너지와 풍력 에너지 공급 체계도 함께 무너진다. 이는 클라우드 컴퓨팅과 빅 데이터, 인공 지능, 사물 인터넷, 지능형 로봇 등 4차 산업혁명의 근간이 송두리째 맥없이 무너지는 것임을 나타낸다.

요한계시록 6장 13절
"하늘의 별들이 무화과나무가 대풍에 흔들려 선 과실이 떨어지는 것같이 땅에 떨어지며"

요한계시록 7장 1절
"이 일 후에 내가 네 천사가 땅 네 모퉁이에 선 것을 보니 땅의 사방의 바람을 붙잡아 바람으로 하여금 땅에나 바다에나 각종 나무에 불지 못하게 하더라"

요한계시록 8장 12절
"넷째 천사가 나팔을 부니 해 삼분의 일과 달 삼분의 일과 별들의 삼분의 일이 침을 받아 그 삼분의 일이 어두워지니 낮 삼분의 일은 비췸이 없고 밤도 그러하더라"

하나님의 거룩한 군대와 사단의 연합군이 싸우는 인류 최후의 전쟁인 아마겟돈 전쟁에서 인간과 사단의 연합군은 전쟁을 일으키다가 힘 한번 써 보지도 못하고 일방적으로 패하여 짐승 곧 사단과 거짓 선지자가 산 채로 불못에 던져질 것을 말하고 있다.

요한계시록 19장 19~20절
"또 내가 보매 그 짐승과 땅의 임금들과 그 군대들이 모여 그 말 탄 자와 그의 군대로 더불어 전쟁을 일으키다가 짐승이 잡히고 그 앞에서 이적을 행하던 거짓 선지자도 함께 잡혔으니 이는 짐승의 표를 받고 그의 우상에게 경배하던 자들을 이적으로 미혹하던 자라 이 둘이 산 채로 유황불 붙는 못에 던지우고"

아마겟돈 전쟁에서 패한 인류의 운명이 어떻게 될 것인지는 다음 말씀에 나타나 있다.

요한계시록 18장 9~13절
"그와 함께 음행하고 사치하던 땅의 왕들이 그 불붙는 연기를 보고 위하여 울고 가슴을 치며 그 고난을 무서워하여 멀리 서서 가로되 화 있도다 화 있도다 큰 성, 견고한 성 바벨론이여 일 시간에 네 심판이 이르렀다 하리로다 땅의 상고들이 그를 위하여 울고 애통하는 것은 다시 그 상품을 사는 자가 없음이라 그 상품은 금과 은과 보석과 진주와 세마포와 자주 옷감과 비단과 붉은 옷감이요 각종 향목과 각종 상아기명이요 값진 나무와 진유와 철과 옥석으로 만든 각종 기명이요 계피와 향료와 향과 향유와 유향과 포도주와 감람유와 고운 밀가루와 밀과 소와 양과 말과 수레와 종들과 사람의 영혼들이라"

요한계시록 20장 13~14절

"바다가 그 가운데서 죽은 자들을 내어 주고 또 사망과 음부도 그 가운데서 죽은 자들을 내어 주매 각 사람이 자기 행위대로 심판을 받고 사망과 음부도 불못에 던지우니 이것은 둘째 사망 곧 불못이라"

하나님 없이 세워 왔던 인본주의 중심의 4차 산업혁명의 찬란했던 문명인 바벨론 문명이 한순간에 사상누각과 같이 덧없이 무너져 내려가는 것을 보고 울며 가슴을 치고 결국은 하나님의 심판으로 사단과 함께 불못에 던지우는 인류 최후 심판의 운명을 볼 수가 있다.

마지막 때에 깨어 대비해야 한다

3-1 인류 구원의 절대적 법칙

지금도 이 세상이 물리적으로 변함없이 운용되는 것은 변할 수 없는 불변의 법칙을 근간으로 하기 때문이다. 만유인력의 법칙, 에너지 보존의 법칙, 질량 불변의 법칙, 열역학 법칙 등 변할 수 없는 무수한 법칙이 있다. 만일 이 법칙들이 무너지면 세상은 뒤죽박죽되는 엄청난 혼돈이 찾아올 것이다. 이 법칙들은 창조 시에 하나님께서 세우신 법칙들이고 지금까지 세상 운용에 불변으로 적용되어 오고 있다.

성경에서도 법칙에 대한 말씀이 나오고 있다. 생명의 성령의 법과 죄와 사망의 법에 대한 말씀이다.

로마서 8장 2절

"이는 그리스도 예수 안에 있는 생명의 성령의 법이 죄와 사망의 법에서 너를 해방하였음이라"

손 위에 물 한 컵을 올려놓고 얼마나 오랫동안 지탱할 수 있는지를 시험하여 자연의 법칙에 대한 의미를 설명해 본다. 처음에는 물 한 컵 정도는 아주 쉽게 견딜 수 있지만 시간이 지날수록 점점 손 위의 물 한 컵이 무거워져서 나중에는 마치 쇳덩어리 하나를 올려놓은 것같이 견디기 힘들어지다가 마침내 버티지 못하고 내려놓게 된다.

이는 사람이 중력의 법칙을 이길 수 없다는 법의 절대성을 말해 준다. 물 한 컵의 중력을 처음에는 힘으로 손쉽게 이길 수 있지만 시간이 지나면 중력은 변하지 않아도 사람은 지치기 때문에 결국 사람의 힘으로는 세상의 법칙을 이길 수 없다.

마찬가지로 인간의 마음속에 태어나면서부터 존재하는 죄성은 법과 같은 절대적인 속성이 있어서 사람이 도덕적으로 노력해서 이길 수 없는 중력의 법칙과 같다.

중국의 진시황은 영생을 하기 위해 불로초를 구했지만 39세에 요절을 하였다. 나이 들고 병들면 죽을 수밖에 없는 운명을 극복할 수 있는 존재는 세상에 단 한 명도 없다.

우리 모두는 인간의 힘으로는 극복할 수 없는 불가항력적인 죄와 사망의 법이라는 테두리 안에 갇혀서 사는 운명인 것이다. 죄와 사망의 저주 아래 있는 것이다.

법의 특성은 운명적인 것이고 인간의 힘으로는 극복할 수 없는 절대적인 존재이다.

인간이 죄와 사망의 법으로부터 벗어나기 위한 길은 사람으로부터 올 수 없으며 하나님께로부터 와야 한다. 그러나 하나님께서도 아무 법적인 근거가 없이 불순종으로 초래된 죄와 사망의 법에서 인간을 자유롭게 하실 수는 없다. 만일 그렇게 하신다면 법을 제정하신 하나님의 공의가 무너지는 것이다.

죄와 사망의 법은 에덴동산에서 아담의 범죄에서 온 것이고 만일 인간이 범죄하지 않았다면 인간이 죄와 사망의 법의 울타리에 갇혀서 살 필요가 없었을 것이다.

재판장의 아들이 음주 운전으로 법정에 서게 되었다면 먼저 선고를 내린 뒤 아들을 대신하여 벌금을 지불한 후에야 아들을 풀어 줄 수 있는 것처럼 하나님께서는 인간의 죄악을 사면하시기 위한 죄의 대가를 치르기 위해 그 아들을 이 세상에 보내셨다.

하나님 앞에서 죄를 영원히 사할 수 있는 유일한 길은 오직 피로써만 가능함을 성경은 말하고 있다.

히브리서 9장 22절

"율법을 좇아 거의 모든 물건이 피로써 정결케 되나니 피 흘림이 없은즉 사함이 없느니라"

구약의 율법 시대에는 성소에서 소나 양의 피와 기름을 제물로 하나님께 드렸으나 이러한 제물로는 인간을 죄로부터 완전히 자유롭게 할 수 없었다. 이는 장차 오실 예수 그리스도에 대한 예표일 뿐이다.

히브리서 10장 3절

"그러나 이 제사들은 해마다 죄를 생각하게 하는 것이 있나니 이는 황소와 염소의 피가 능히 죄를 없이하지 못함이라"

인간의 죄를 사하기 위해서는 짐승의 피가 아닌 죄와 상관이 없는 순결한 제물이 필요하다. 만일 가브리엘이나 미가엘과 같은 천사장이 이 세상에 인간으로 내려왔을지라도 죄악 많은 세상에서 시험과 유혹을 이겨 내고 흠 없는 제물로 하나님께 드려질 수 있었을까?

하나님의 아들이신 예수님께서는 성육신하셔서 모든 시험과 유혹을 이겨 내고 죽기까지 복종하심으로써 죄 사함을 위한 완전한 제물로 하나님께 드려지신 바가 되었다.

성소의 휘장은 하나님과 인간 사이를 죄로 인해 가로막는 장벽이며 이 장막이 있는 동안은 하나님이 인간과 막힘없이 교통할 수 있는 길은 없었다. 그러나 예수님이 십자가에서 죽으실 때 성소의 휘장이 찢어져 둘이 됨으로써 하나님과 인간 사이를 가로막았던 담이 허물어졌다.

마태복음 27장 51절

"이에 성소 휘장이 위로부터 아래까지 찢어져 둘이 되고 땅이 진동하며 바위가 터지고"

히브리서 10장 20절

"그 길은 우리를 위하여 휘장 가운데로 열어 놓으신 새롭고 산 길이요 휘장은 곧 저의 육체니라"

길이 열렸다는 것은 하나님과 인간 사이를 가로막았던 죄의 굴레에서 인간이 벗어날 수 있는 길이 열렸음을 의미한다.

어떻게 이것을 이해할 수 있을까? 성경은 한 사람의 대표성을 강조하고 있다. 한 사람의 불순종으로 죄의 길이 열린 것처럼 한 사람의 순종으로 의의 길이 열릴 것을 말하고 있다.

로마서 5장 19절

"한 사람의 순종치 아니함으로 많은 사람이 죄인이 된 것같이 한 사람의 순종하심으로 많은 사람이 의인이 되리라"

인간은 뿌리 깊은 죄성을 갖고 있으므로 죄를 용서받아도 또다시 죄를 지을 수밖에 없다.

어느 목사님이 기도원에서 40일 금식 기도를 마치고 하산하여 집에 돌아가는 길에 버스를 탔는데 버스 안에서 어느 젊은 여성의 다리를 보고 순간 음란한 생각이 주체할 수 없이 올라옴을 느끼며 깊은 탄식을 하였다고 한다. 40일 금식 기도도 인간의 마음속에 있는 탐욕을 제어할 수 없었던 단적인 예이다.

하나님 앞에 나아가기 위해서는 이 같은 죄의 문제를 근본적으로 해결하지 않으면 안 된다.

옛날에 어느 소금 장수가 소금을 계속 만들어 내는 맷돌을 가지고 있었는데 배를 타고 바다 위를 가다가 실수로 이 맷돌을 바다에 빠뜨려서 지금도 맷돌이 바닷속에서 소금을 계속 만들어 내면서 바다가 짠물이 됐다는 얘기가 있다.

인간은 이 맷돌처럼 하나님 앞에서 끊임없이 죄를 지을 수밖에 없는 존재이다. 따라서 우리의 육신은 훈련이나 교육, 교정 등으로 하나님 앞에서 새로워질 수 없다.

예수님이 십자가에서 죽으심은 우리를 대표하여 죽으신 것이다. 따라서 예수님이 죽으심으로써 맷돌처럼 죄를 양산해 내는 우리 각 사람의 육체, 즉 옛사람이 함께 죽은 것이다.

로마서 6장 6~7절

"우리가 알거니와 우리 옛사람이 예수와 함께 십자가에 못 박힌 것은 죄의 몸이 멸하여 다시는 우리가 죄에게 종노릇하지 아니하려 함이니 이는 죽은 자가 죄에서 벗어나 의롭다 하심을 얻었음이니라"

예수님이 십자가에서 운명하실 때 "어찌하여 나를 버리셨나이까?"라고 부르짖으셨다. 이는 하나님 아버지께서 십자가에 달리신 예수님을 사랑하는 아들이 아닌 하나님의 맹렬한 진노를 받아야 하는 죄악과 불순종으로 뭉쳐 있는 존재로 보신 것이다. 우리가 받아야 할 심판을 십자가에서 예수님이 한 몸으로 모두 담당하신 것이다. 한 사람이 죽으셔서 모든 사람이 죽은 것이며 죄악으로 인한 모든 저주는 속량되었고 성소의 휘장은 위에서 아래로 찢어져 하나님의 택하신 백성에 대한 모든 심판은 종결되었다. 할렐루야!

죄와 사망의 저주 아래 있는 우리를 대신하여 예수님께서 나무에 달려 죽으심으로써 저주를 받아 우리를 저주 가운데서 속량할 수 있는 길을 합법적으로 활짝 열어 놓으신 것이다.

갈라디아서 3장 13절

"그리스도께서 우리를 위하여 저주를 받은 바가 되사 율법의 저주에서 우리를 속량하셨으니 기록된 바 나무에 달린 자마다 저주 아래 있는 자라 하였음이라"

3-2 예수님의 부활의 능력

인류의 구원은 예수님의 죽으심뿐만 아니라 다시 사심으로 완성될 수 있고 예수님은 이를 위해 이 세상에 오셨다.

우리가 구원을 얻는 것은 죄 사함을 받는 것뿐만 아니라 죄에서 벗어나 정결한 몸으로 하나님의 영원한 나라에 들어가는 데 그 목적이 있다.

예수님께서는 십자가에서 죽으셨을 뿐만 아니라 사흘 만에 다시 사심으로 인류의 완전한 구원의 길을 열어 놓으셨다.

제자들은 다시 사신 예수님을 처음 만났을 때 유령을 보는 것으로 생각했다.

누가복음 24장 37절
"저희가 놀라고 무서워하여 그 보는 것을 영으로 생각하는지라"

누가복음 24장 39절
"내 손과 발을 보고 나인 줄 알라 또 나를 만져 보라 영은 살과 뼈가 없으되 너희 보는 바와 같이 나는 있느니라"

예수님이 살과 뼈를 가진 몸으로 다시 사신 것은 무엇을 의미하는가? 예수님께서 공생애 기간에 나사로와 나인성 과부의 아들과 회당장 야이로의 딸을 죽은 가운데서 다시 살려 주시는 이적을 행하셨다. 그러나 그들도 결국 모두 죽어서 흙으로 돌아갔다. 이 세상에 속한 사람들은 죽었다가 다시 살아났을지라도 사망의 법을 극복할 수는 없다.

그러나 예수님은 다시 썩지 않는 완전한 몸으로 다시 살아나시며 사망의 권세를 무력화시키셨다.

　도마는 손가락을 예수님의 못 자국에 넣어 보고 손을 옆구리에 넣어 보지 않고는 믿지 못하겠다고 하였는데 예수님이 도마 앞에 직접 나타나셔서 손과 옆구리를 보여 주시며 믿지 않는 자가 되지 말고 믿는 자가 되라고 하셨다. 그리고 보지 못하고 믿는 자들은 복되다고 하셨다.

　그 후에 예수님께서는 수백 명의 제자가 보는 가운데 감람산에서 하늘로 올리우셔서 하나님 보좌 우편에 앉으셨다.

　예수님은 인류 역사에서 죽음을 극복하고 썩음을 당하지 않은 유일한 인간이시다. 이는 인류를 지배하던 사망의 법이 예수님으로 인해 무너진 것을 의미한다. 대장이 되신 예수님을 좇는 자들에게는 더 이상 사망이 그 위력을 발휘할 수 없게 된 것이다.

　마치 시냇물이 흘러가다가 물줄기가 갈라져서 새 길이 열리면 뒤에서 따라가는 물들도 앞에서 흘러가는 물을 따라 같은 방향으로 흘러가는 것과 같다. 예수님이 부활하셨으므로 예수를 믿는 우리도 예수님과 함께 부활할 수 있는 길이 열린 것이다.

　이는 인간이 더 이상 썩어짐의 종노릇을 하는 데서 해방되는 것을 의미한다. 이 세상은 모든 것이 질서 있는 상태에서 무질서 상태, 즉 부패 상태로 진행해 가는 열역학 법칙(엔트로피 법칙)이 지배하는 세상이다. 쇠도 대기 중에 놓아두면 산화되어 가루가 되어 가고 음식도 공기 중에 방치하면 썩고 부패하여 가루가 되며 사람도 죽으면 부패하여 먼지가 되어 간다. 모든 것이 부패하고 먼지가 되는 것이 이 세상을 지배하는 법칙이고 인간은 그 법칙을 거스르고 살 수가 없다.

　그러나 예수님은 부활하셔서 무질서의 법칙을 무너뜨리셨다. 예수님의 몸에는 더 이상 이러한 법칙이 적용될 수 없다. 죽기까지 복종하신 예수님을 통해 하나님 아버지께서 죄와 사망의 저주의 법칙을 무너뜨리신 것이다. 즉, 죄와 사망의 법에서 생명의 성령의 법으로 우리를 해방하셨다!

그런데 예수를 믿는 그리스도인들도 이 세상에서 모두 죽어서 흙으로 돌아갈 수밖에 없다. 그러면 예수님의 부활이 우리에게 어떻게 적용되는가?

주를 믿는 모든 성도는 영원히 죽지 않는 천국에 들어가는 소망을 안고 이 세상에서 살고 있다. 만일 이러한 소망이 없다면 우리는 이 세상에서 가장 불쌍한 자가 될 것이다.

하나님의 나라에는 이 세상에 속한 썩음에 지배를 받는 존재는 결코 들어갈 수 없으며 죄성을 가진 존재도 들어갈 수 없다. 아무리 이 세상에서 선하고 의롭게 살아서 하나님 앞에서 흠 없는 존재라 할지라도 죽음의 법에 지배를 받는 존재는 하나님 나라에 들어갈 수 없다. 유한한 존재는 무한한 나라를 상속받을 수 없다. 하나님의 나라는 죽음이라는 개념조차 없는 곳이다. 그래서 본질적으로 죽음에 지배를 받지 않는 존재가 되어야 한다.

고린도전서 15장 50절

"형제들아 내가 이것을 말하노니 혈과 육은 하나님 나라를 유업으로 받을 수 없고 또한 썩은 것은 썩지 아니한 것을 유업으로 받지 못하느니라"

히브리서 2장 15절

"또 죽기를 무서워하므로 일생에 매여 종노릇하는 모든 자들을 놓아주려 하심이니"

또한 에덴동산에서 아담이 뱀의 유혹에 넘어간 것처럼 불순종할 수 있는 불완전한 존재도 하나님 나라에 들어갈 수 없다. 하나님 나라에는 죄 또한 그 개념조차 없는 곳이기 때문이다. 시험도 유혹도 불순종도 형벌도 타락도 없는 곳이기 때문이다.

그래서 성경은 하나님의 자녀들이 천국에 들어갈 때는 이 세상에서처럼 불완전한 존재가 아니라 그리스도의 형상을 닮은 완전한 신적인 존재로 변화하여 들어갈 것임을 말하고 있다.

고린도전서 15장 48절

"우리가 흙에 속한 자의 형상을 입은 것같이 또한 하늘에 속한 자의 형상을 입으리라"

이는 오직 예수님이 우리를 위하여 죽으시고 부활하셨기 때문에 우리가 그의 죽으심과 함께 세례를 받았고 그의 부활과 연합하여 살리심을 입었기 때문에 가능한 것이다.

로마서 6장 4~5절

"그러므로 우리가 그의 죽으심과 합하여 세례를 받음으로 그와 함께 장사되었나니 이는 아버지의 영광으로 말미암아 그리스도를 죽은 자 가운데서 살리심과 같이 우리로 또한 새 생명 가운데서 행하게 하려 함이니라. 만일 우리가 그의 죽으심을 본받아 연합한 자가 되었으면 또한 그의 부활을 본받아 연합한 자가 되리라"

이 말씀은 그리스도 안에서 우리가 더 이상 죄인이 아니며 새 생명으로 인한 신분 변화를 말하고 있다. 실질적인 물리적 변화는 예수께서 마지막 때에 적그리스도를 물리치시고 이 땅 위에 재림하실 때 일어난다고 성경은 말씀하고 있다.

고린도전서 15장 51~54절

"보라 내가 너희에게 비밀을 말하노니 우리가 다 잠잘 것이 아니요 마지막 나팔에 순식간에 홀연히 다 변화하리니 나팔 소리가 나매 죽은 자들이 썩지 아니할 것으로 다시 살고 우리도 변화하리라 이 썩을 것이 불가불 썩지 아니할 것을 입겠고 이 죽을 것이 죽지 아니함을 입으리로다 이 썩을 것이 썩지 아니함을 입고 이 죽을 것이 죽지 아니함을 입을 때에는 사망이 이김의 삼킨 바가 되리라고 기록된 말씀이 응하리라"

로마의 네로 황제가 기독교를 극심하게 핍박하던 시대에 많은 기독교인이 체포되어 군중으로 가득 찬 원형 경기장 안에서 굶주린 짐승들에게 잡아먹히며 순교하였다.

필자는 대학교 신입생 시절 학교 도서실에서 『쿼바디스』의 이 장면을 읽으면서 마치 뒤통수를 망치로 얻어맞은 것처럼 몇 분 동안 멍하니 있는 난생처음 느끼는 경험을 하였다.

이 책은 원형 경기장 안에서 남녀노소 기독교인이 사나운 맹수들에게 잔인하게 잡아먹히는 처참한 상황에서도 겁에 질린 사람은 한 사람도 없이 모두가 밝은 얼굴에 광채를 발하며 찬양하며 죽어 가는 놀라운 장면이 묘사되어 있었다. 도살장이 아니라 마치 천국 잔치가 벌어지는 것 같았다. 인간적으로는 도저히 이해할 수 없었다. 사람에게 죽음보다 더 중요한 것이 없는데 기독교라는 종교는 무엇이길래 연약한 아녀자와 아이들, 노인까지도 이렇게 일말의 두려움도 없이 죽어 갈 수가 있단 말인가? 후에 예수를 믿고 왜 이들이 이렇게 죽어 갈 수 있었는지 깨달을 수 있었다.

3-3 증인이 되신 성령님

예수를 믿게 되면 신앙이 성장하면서 가치관이 새롭게 변화되고 눈에 보이지 않는 천국에 대한 소망과 확신을 갖게 된다. 그뿐만 아니라 이전에 믿던 진화론이 허구이고 이 세상은 하나님이 창조하셨고 지금노 붙들고 계시며 세상 모든 것이 하나님께로부터 온 것임을 알게 된다.

태초에 세상을 하나님이 말씀으로 창조하셨는지 또는 예수님이 이 세상에 오셔서 실제로 십자가에 달려 죽으셨는지 또는 사흘 만에 무덤에서 부활하셨는지 우리가 직접 현장 목격을 하지 않았는데 어떻게 알 수 있겠는가? 그리스도인들은 이것을 직접 목격하지 못했지만 의심 없이 믿는다.

그 이유는 예수를 믿는 순간 예수의 영이신 성령이 우리 마음에 들어오셔서 성령께서 친히 우리에게 증거하시기 때문이다.

성령께서는 하나님이 세상을 창조하실 때 아버지와 아들과 함께 계셨고 예수님이 겟세마네 동산에서 피땀 흘려 기도하실 때도 그곳에 함께 계셨고 십자가에 죽으실 때, 무덤에서 살아나실 때도 그곳에 함께 계셨다. 그리고 또한 동일한 그분이 우리 안에 계셔서 이 사실들을 증거하시므로 우리가 직접 보지 않고도 믿을 수 있다.

만일 옆방에 불이 났다고 가정해 보자. 불이 난 옆방에서 연기가 들어오고 열기가 느껴지는데 가스 분석기로 연기 중의 일산화탄소나 아황산가스 등을 분석하고 온도를 재서 그 데이터를 보고 나서 비로소 불이 났다고 판단하면 그때는 이미 피신하기에 늦을 수 있다.

옆방에 있던 사람이 달려와서 문을 두드리며 황급히 "불이야!"라고 외치면 그 말을 듣고 불이 났음을 알고 급히 피신할 수 있는 것이다. 비록 눈으로 보고 확신하지 못했더라도 불났음을 증거하는 증인의 말을 믿고 알 수 있다.

이같이 증인의 힘은 매우 중요하며 성령께서는 친히 증인이 되어 우리 마음에 들어오셔서 기름 부음이 되어 진리에 관한 모든 것을 증거해 주시는 것이다. 우리 안에 내재하시는 성령이 충만하게 임하실 때 천국 소망을 갖고 살 수 있고 어떤 역경도 담대하게 이겨 낼 수 있다.

요한복음 3장 8절

"바람이 임의로 불매 네가 그 소리를 들어도 어디서 오며 어디로 가는지 알지 못하나니 성령으로 난 사람은 다 이러하니라"

요한일서 2장 27절

"너희는 주께 받은 바 기름 부음이 너희 안에 거하나니 아무도 너희를 가르칠 필요가 없고 오직 그의 기름 부음이 모든 것을 너희에게 가르치며 참되고 거짓이 없으니 너희를 가르치신 그대로 주 안에 거하라"

인간이 과학과 철학과 종교 등을 통해 이 세상이 어디서 왔고 어떤 원리로 운용되고 있으며 인간의 본질은 무엇인지를 찾으려고 온갖 노력을 해 오고 있지만 결코 인간의 지혜만으로는 이 모든 것을 알 수 없다. 오직 회개를 통해 증인이 되신 성령께서 우리 마음에 들어오실 때 비로소 인간은 창조주이신 하나님과의 인격적인 만남을 통해서 이 세상과 자신의 정체성을 발견할 수가 있다.

고린도전서 1장 21절

"하나님의 지혜에 있어서는 이 세상이 자기 지혜로 하나님을 알지 못하는 고로 하나님께서 전도의 미련한 것으로 믿는 자들을 구원하시기를 기뻐하셨도다"

3-4 하나님 나라의 회복과 구원

인간은 에덴동산에서 하나님의 명을 어기고 동산의 선악을 알게 하는 나무의 열매를 먹음으로써 에덴에서 쫓겨나고 죄와 사망에 종노릇하며 모든 피조물 또한 썩어짐에 종노릇할 수밖에 없는 운명이 되었다.

로마서 8장 21절

"그 바라는 것은 피조물도 썩어짐의 종노릇한 데서 해방되어 하나님의 자녀들의 영광의 자유에 이르는 것이니라"

일견 보기에는 사단의 유혹을 이겨 내지 못한 인간의 불순종으로 하나님의 창조 계획이 허무하게 무너져 버린 것같이 생각할 수 있다.

그러나 모든 것을 알고 계신 하나님께서는 창세전부터 이미 태초의 에덴동산과는 비교할 수 없는 영원하고 완전한 나라를 예비하셨다. 그 나라는 다름 아닌 하나님의 사랑 위에서 세워지는 나라이다. 하나님께서는 우리를 위해 자신이 주실 수 있는 가장 최고의 것을 주심으로써 인간에 대한 확고한 사랑을 확증하셨고 그 사랑 안에서 실질적인 창조를 완성하셨으며 에덴동산은 하나님의 완전한 창조 과정의 일부였다.

요한복음 15장 13~14절

"사람이 친구를 위하여 자기 목숨을 버리면 이에서 더 큰 사랑이 없나니 너희가 나의 명하는 대로 행하면 곧 나의 친구라"

하나님은 인류 구원을 위해 자신이 이 땅 위에 오실 길을 이스라엘을 통해 예비하셨다. 그리고 율법과 선지자들을 통하여 계시하신 때가 차매 임마누엘 하나님으로 이 땅 위에 낮고 낮은 인간의 모습으로 오셨다.

고대 시대의 십자가형은 인간에게 가장 고통스러운 극형이다. 너무나도 극단적인 형벌이기에 납이 달린 채찍으로 형벌을 받을 사람의 급소를 때려서 미리 힘을 빼고 십자가에 달리기 전에 진통 효과가 있는 몰약을 탄 포도주를 마시게 하여 고통을 덜게 하고 죽기 전에 미리 다리를 꺾어서 고통을 덜게 하였다.

십자가에 달린 사람이 죽어 갈 때 온몸의 피와 물이 못 박힌 곳을 통해 흘러나오며 모든 신경이 곤두서서 한순간도 참기 어려운 고통이 죽을 때까지 계속되며 서서히 죽어 가는 무서운 형벌이다. 인간에게 가해질 수 있는 고문 중에서 가장 극단적인 방법으로 사람을 죽이는 것이다.

예수님께서는 이러한 무서운 고통과 인간을 대표하여 희생 제물로 버림을 당해야만 하는 십자가 죽음을 앞에 두고 겟세마네 동산에서 천사들의 도움을 받으며 피땀 흘리는 기도를 아버지께 드리셨다.

어떤 인간도 예수님과 같은 깊은 공포와 두려움의 고뇌를 경험한 사람은 세상에 없을 것이다.

무소불위의 권능도 아닌 오직 십자가에서 나타난 하나님의 인간에 대한 진정한 사랑의 힘이 죄와 사망의 저주를 극복하는 구원의 길을 열어 놓았다.

하나님께서는 창세전부터 에덴에서 인간이 범죄하여 타락할 것을 미리 아셨고 그래서 훗날 하나님 자신이 죄 많은 세상 가운데 직접 오셔서 화목 제물이 되는 죽음과 부활을 통해 인류 구원을 이루시고 그 위에서 범죄와 타락이 없는 완전하고 영원한 나라를 예비하신 것이다.

이는 누구도 상상할 수 없는 하나님의 지혜와 말할 수 없는 사랑이다!

하나님의 사랑은 바다를 먹물로, 하늘을 두루마리로 삼아도 다 쓸 수 없는 사랑이다.

하나님의 사랑은 인류 구원의 완성이며 유일한 수단이다. 사랑 안에는 범죄도 정죄도 심판도 불순종도 있을 수 없으며 그 어떠한 것도 모두 하나님의 사랑 안에 덮일 수 있다. 누구든지 생명수 샘물에 나와 하나님의 사랑의 물을 마시면 구원의 대열에 값없이 참여할 수 있다.

자기밖에 모르던 죄인들이 하나님의 먼저 주시는 사랑을 깨달으면 누구든지 사랑할 수 있는 존재가 된다. 하나님의 구원은 오직 사랑 안에서 완성된다.

로마서 8장 38~39절

"내가 확신하노니 사망이나 생명이나 천사들이나 권세자들이나 현재 일이나 장래 일이나 능력이나 높음이나 깊음이나 다른 아무 피조물이라도 우리를 우리 주 그리스도 예수 안에 있는 하나님의 사랑에서 끊을 수 없으리라"

하나님께서는 구원을 받는 백성들을 위해 낡아져 가고 있는 이 세상이 아닌 영원히 썩지 않는 새로운 나라를 예비하셨다. 그 나라는 하나님과 거룩하게 된 인간의 연합 속에서 임하는 나라이다. 예수님은 부활하신 후 제자들을 부르실 때 전에 사용하시지 않던 표현인 형제라고 부르셨다.

히브리서 2장 11~12절

"거룩하게 하시는 자와 거룩하게 함을 입은 자들이 다 하나에서 난지라 그러므로 형제라 부르시기를 부끄러워 아니하시고 이르시되 내가 주의 이름을 내 형제들에게 선포하고 내가 주를 교회 중에서 찬송하리라 하셨으며"

이는 주의 죽으심 및 사심과 합하여 믿음으로 세례를 받은 이들이 그리스도와 함께 한 혈육에 속하였음을 의미한다. 이는 주께서 재림하실 때 실제로 그리스도와 신부인 교회 구성원 성도들이 어린양의 혼인 잔치를 통해 하나로 연합함으로써 실현된다.

마지막 한 사람이 예수를 믿을 때, 즉 예정되었던 모든 백성의 수효가 채워졌을 때 신부가 되신 새 예루살렘의 마지막 벽돌 한 장이 놓여 건축이 완성된다.

교회와 그리스도가 혼인을 통해 하나가 될 때 모든 구원은 완성되며 그 혼인 잔치에 참여하는 자들은 복이 있는 것이다. 앞의 고린도전서 15장 51~54절에서 마지막 나팔 소리와 함께 죽은 자와 산 자들이 죽지 않을 몸으로 다시 살아 예수님을 만날 것임을 의미하는 것이다.

부활한 성도 한 사람 한 사람이 하나님이 거하실 새 성 예루살렘에 참여함으로써 하나님 아버지와 성령님 그리고 신랑이 되신 예수님과 신부가 되신 교회가 하나로 연합되어 완전한 하나님의 나라가 세워지고 구원이 완성된다.

이는 과거 에덴에서의 하나님의 창조와 완전히 다른 것이며 하나님의 십자가 사랑 위에 이 세상 모든 만물이 완전하고 영원히 회복됨을 의미한다.

그러나 이러한 구원의 완성은 모든 사람에게 해당되는 것은 아니다. 마지막 때에 하나님을 대적하는 불법의 사람인 적그리스도를 추종하고 숭배하며 바벨론 문명의 향락에 취하여 하나님을 대적하며 살아온 무리는 사단과 함께 마지막 심판을 받을 것임을 성경은 말하고 있다.

요한계시록 21장 8절, 22장 17절

"그러나 두려워하는 자들과 믿지 아니하는 자들과 흉악한 자들과 살인자들과 행음자들과 술객들과 우상 숭배자들과 모든 거짓말하는 자들은 불과 유황으로 타는 못에 참예하리니 이것이 둘째 사망이라"

21세기 78억 명에 달하는 인류는 지금까지 살아온 모든 인류의 숫자를 합한 것보다 많으며 전 인류의 절반이 지금 이 세대에 살고 있다. 그래서 이 시대에 땅끝까지 복음을 전해서 둘째 사망에 빠질 미혹된 인류를 구원해야 할 필요성은 그 어느 때보다 더 높다.

둘째 사망에서 구원을 얻을 수 있는 유일한 길은 하나님이 주시는 구원의 은혜를 아무 대가 없이 믿음으로 받는 것이다. 주님께서는 누구든지 목마르거든 값없이 와서 생명수 샘물을 마시라고 하셨다.

요한계시록 22장 17절

"성령과 신부가 말씀하시기를 오라 하시는도다 듣는 자도 오라 할 것이요 목마른 자도 올 것이요 또 원하는 자는 값없이 생명수를 받으라 하시더라"

생명수로 나온다는 것은 지난날의 삶을 회개하고 돌이켜 하나님께로 나오는 것을 의미한다.

탕자가 아버지의 영향이 미치지 않는 먼 나라로 가서 주색잡기로 물려받은 유산을 모두 탕진하고 쥐엄 열매로도 배를 채울 수 없었을 때 비로소 자신의 죄악을 깨닫고 돌이켰던 마음가짐을 예수님께서는 대표적인 회개의 사례로 말씀하셨다.

누가복음 15장 17~19절
"이에 스스로 돌이켜 가로되 내 아버지에게는 양식이 풍족한 품꾼이 얼마나 많은고 나는 여기서 주려 죽는구나 내가 일어나 아버지께 가서 이르기를 아버지여 내가 하늘과 아버지께 죄를 얻었사오니 지금부터는 아버지의 아들이라 일컬음을 감당치 못하겠나이다 나를 품꾼의 하나로 보소서 하리라 하고"

탕자와 같이 회개하고 돌이키는 마음을 가지면 어떤 행위나 공로가 없어도 생명수 샘물로 나아가 생수를 마시며 하나님의 거룩한 백성의 대열에 동참할 수 있다.

출애굽 시 이스라엘 백성 중 일부가 광야에서 하나님을 원망하다가 불뱀에 물려 죽어 갈 때 모세가 하나님의 지시대로 불뱀의 모형인 놋뱀을 만들어 장대에 높이 달자 죽어 가던 자 중에 놋뱀을 쳐다본 자는 모두 구원을 얻었다.

예수님께서는 모세가 광야에서 뱀을 든 것같이 자기도 높이 달릴 것을 말씀하셨고 이때 많은 사람을 자기에게로 이끌겠다고 말씀하셨다. 이는 자신이 십자가에 달리셔서 많은 사람을 구원하실 것을 말씀하는 것이다.

요한복음 3장 14절
"모세가 광야에서 뱀을 든 것같이 인자도 들려야 하리니"

놋뱀을 먼 곳에서 쳐다본 자나 바로 앞에서 쳐다본 자나 거리와 상관없이 누구나 구원을 얻은 것처럼 이천 년 전이나 지금이나 시대에 상관없이 십자가에 달리신 예수님을 탕자와 같이 회심의 마음으로 바라보면 누구든지 구원을 얻을 수 있다.

3-5 마지막 때에 믿는 자의 자세

믿는 자는 연어가 거센 물살을 거슬러 올라가는 것과 같이 세상을 거슬러 올라가는 삶을 살아야 한다. 마지막 때가 가까이 올수록 이 세상의 물살은 더욱 거세질 것이다. 거센 물살에 자기 몸을 편안하게 맡기고 있으면 물살과 함께 떠내려갈 수밖에 없다. 그 끝은 돌아올 수 없는 천길만길 낭떠러지이다.

마지막 때에는 온 세상이 우상 숭배적 가치관으로 통합되고 국가 간 연방 제국으로 통일되며 최고 지도자인 불법의 사람을 숭배하는 기운으로 가득할 것이다. 시험과 환난과 유혹이 거세지는 가운데서 신앙을 지키기는 더욱 힘들어질 것이다.

초연결되고 통제되는 사회 속에서 거대한 제국의 가치관에 반하는 사람들은 더 이상 매매를 하지 못하므로 기본 생활을 영위하는 것조차도 힘들어지고 사회에서 배제를 당할 것이다. 심지어는 로마 시대에 기독교인들이 탄압을 당한 것과 같은 탄압의 시대가 찾아올 수 있다.

거친 물살을 거슬러 올라가기 위해서는 더욱 큰 힘이 필요하다. 하나님께서도 마지막 때에 강한 의지를 갖고 믿음을 지키려는 거룩한 백성들에게 더욱더 한없는 성령의 기름을 부어 주시며 감당할 수 있는 힘을 주실 것이다.

신앙인들은 급변하고 있는 이 시대를 분별할 수 있는 분별력을 가져야 하며 무엇보다 죄의 유혹으로 마음이 강퍅하게 됨을 피해야 한다. 어두움이 깊어질수록 참과 거짓을 분별하기 어려워진다.

로마서 12장 2절

"너희는 이 세대를 본받지 말고 오직 마음을 새롭게 함으로 변화를 받아 하나님의 선하시고 기뻐하시고 온전하신 뜻이 무엇인지 분별하도록 하라"

히브리서 3장 13절

"오직 오늘이라 일컫는 동안에 매일 피차 권면하여 너희 중에 누구든지 죄의 유혹으로 강퍅케 됨을 면하라"

주님께서는 믿는 자들의 마음속에 생수의 강물이 흘러나오리라 하셨다. 그러나 아무리 생수의 강물이 흘러넘치더라도 그 가치를 알지 못하고 육신의 일만을 도모한다면 생수의 강은 곧 말라 버리고 경건의 모양은 있으나 그 능력은 부정하는 위선적인 삶이 되고 말 것이다.

날마다 그 물을 마시지 않으면 삶 속에서 생수의 능력을 결코 경험할 수 없다. 따라서 생수의 가치를 깨닫고 날마다 가까이하는 삶을 살아야 한다. 이는 곧 생수의 근원이신 성령님을 날마다 가까이하고 그의 음성을 듣고 행하는 삶에 힘써야 함을 의미한다.

성령님의 음성을 따르는 사람들은 마치 포도나무 가지가 줄기에 달려 있을 때 포도를 맺을 수 있는 것같이 풍성한 성령의 열매를 맺는 삶을 살 수가 있다.

반대로 포도나무에 붙어 있지 않으면 가지처럼 밖에 버려져 마르고 사람들이 모아다 불에 던져 사를 것이다.

마지막 심판의 날에 하나님께서는 이 세상에서 우리가 얼마나 굵은 포도나무 가지가 되어 열매를 맺는 삶을 살았는지 그 열매를 보시고 상급을 주실 것이다.

비록 마지막 때가 언제 올지 정확히 알 수는 없지만 점차 물살이 빨라져 가고 있는 이 세대를 성령 안에서 분별하고 항상 깨어서 도적같이 올지도 모를 그날을 준비하며 기름 등불을 예비한 슬기로운 다섯 처녀와 같이 사는 것이 믿는 자의 도리이다.

임신한 여인이 해산의 날이 언제 올지 알 수는 없지만 배가 불러오면 해산할 때가 가까이 왔음을 알고 준비를 하는 것같이 시대의 흐름을 통찰력을 갖고 읽으면서 마지막 때를 준비해야 한다.

누가복음 12장 39절
"너희도 아는 바니 집주인이 만일 도적이 어느 때에 이를 줄 알았다면 그 집을 뚫지 못하게 하였으리라"

하나님께서는 마지막 때가 가까워져 올수록 우는 사자와 같이 삼킬 듯이 달려드는 마귀를 대적하며 영적 치열한 싸움에 승리하기 위해 하나님의 전신갑주를 입으라고 하셨다.

에베소서 6장 13~17절

"그러므로 하나님의 전신갑주를 취하라 이는 악한 날에 너희가 능히 대적하고 모든 일을 행한 후에 서기 위함이라. 그런즉 서서 진리로 너희 허리띠를 띠고 의의 흉배를 붙이고 평안의 복음의 예비한 것으로 신을 신고 모든 것 위에 믿음의 방패를 가지고 이로써 능히 악한 자의 모든 화전을 소멸하고 구원의 투구와 성령의 검 곧 하나님의 말씀을 가지라"

마지막 때를 지나 천국에 들어가기 위해 싸워야 하는 성전, 즉 거룩한 전투에 참여하는 군인은 하나님이 주시는 허리띠와 흉배, 군화와 방패 그리고 투구와 검으로 구성되어 있는 전신갑주를 입어야 한다.

진리의 허리띠를 띠는 것은 정신 자세가 느슨해지지 않도록 마음의 허리띠를 조여 매고 진리의 영이신 성령 안에서 깨어서 근신하는 마음과 빈틈없는 자세로 싸워야 함을 의미한다.

흉배는 적의 위험으로부터 심장 부위를 지켜서 치명상을 입지 않도록 보호하는 것으로 그리스도 안에서 의롭다 하심을 받는 것은 쉴 새 없이 틈을 노리며 성도를 정죄하여 쓰러뜨리려는 사단의 공격으로부터 치명상을 입지 않도록 지켜 주는 역할을 한다.

그리스도의 보혈이 우리를 죄에서 완전하고 깨끗하게 씻어 주셨음을 매 순간 의지할 때 보혈의 능력이 의의 흉배가 될 수 있다.

요한계시록 12장 10절

"내가 또 들으니 하늘에 큰 음성이 있어 가로되 이제 우리 하나님의 구원과 능력과 나라와 또 그의 그리스도의 권세가 이루었으니 우리 형제들을 참소하던 자 곧 우리 하나님 앞에서 밤낮 참소하던 자가 쫓겨났고"

방패는 적의 전방위적인 공격을 막아 내는 역할을 한다. 전쟁터에서 비 오듯 쏟아지는 화살과 창과 칼을 막아 내야 한다. 방패가 없으면 적의 공격이 온몸에 노출된다.

하나님의 약속과 능력을 신뢰하는 믿음은 사단의 어떤 공격도 막아 낼 수 있는 든든한 방패와 같은 역할을 한다.

하나님이 버리셨던 사울왕의 손자 요나단의 아들 므비보셋은 두 발이 모두 절뚝발이였고 사울왕의 종 시바의 집에 얹혀살던 초라한 존재였다. 그러나 다윗왕이 요나단과 맺었던 언약을 지키기 위해 므비보셋을 날마다 왕자 중 하나처럼 왕의 상에서 식사를 같이하는 존귀한 존재가 되게 하였다.

사무엘하 9장 7~8절

"다윗이 가로되 무서워 말라 내가 반드시 네 아비 요나단을 인하여 네게 은총을 베풀리라 내가 네 조부 사울의 밭을 다 네게 도로 주겠고 또 너는 항상 내 상에서 먹을지니라 저가 절하여 가로되 이 종이 무엇이관대 왕께서 죽은 개 같은 나를 돌아보시나이까"

하나님께서는 믿는 자들과 세우신 견고한 언약으로 허물 많은 우리를 존귀한 왕자의 반열에 올려놓으셨다. 이 언약을 신뢰하는 믿음은 하나님의 전능하신 능력의 통로가 되고 사단의 어떠한 공격도 막아 낼 수 있는 방패이다.

튼튼한 군화는 전쟁터에서 장거리를 이동해야 할 때와 거친 싸움 터에서 좌충우돌하며 지치지 않고 싸우기 위해 필수적인 장비이다. 신고 있는 군화가 발에 꼭 맞고 편안하면 피로도가 덜하여 기동성 있게 달리며 싸울 수 있다.

평안의 복음을 예비한 닳지 않는 신, 즉 군화를 신는다는 것은 어 디든지 믿는 자가 가는 곳마다 시간과 장소를 가리지 않고 복음을 전한다는 의미이다. 때를 얻든지 못 얻든지 복음 증거를 예비하고 기회만 되면 담대하게 증거하는 것이 하나님의 기뻐하시는 뜻이다.

하나님께서는 담대하게 복음을 증거하는 것을 가장 귀히 여기시 며 복음을 전할 때 평상시 경험하지 못했던 성령께서 주시는 평안과 기쁨을 경험할 수 있다.

최선의 공격이 최선의 방어인 것처럼 복음을 항상 전파하여 잃어 버린 영혼들을 마귀의 세력에서 구원해 내는 것은 하나님 나라의 영 토를 확장해 나가는 것이며 또한 적의 화전을 막는 것이요, 적진을 파하는 능력이다.

구원의 투구는 머리를 적의 공격에서 보호한다. 머리를 다치면 더 이상 싸울 수 없으므로 몸에서 가장 중요하고 보호해야 할 부위가 머리이다. 하나님이 나를 구원하신 것은 이미 변치 않는 사실임을 내 안의 성령께서 증거하고 계시다.

때로는 내가 하나님의 손을 놓을 때가 있을지라도 하나님은 어떤 상황에서도 나를 꼭 붙들고 있으시다는 사실을 성령께서 보여 주신 다. 이를 확인하는 순간 다시 한번 주님의 손을 붙들고 일어설 수 있 는 원동력이 될 수 있다.

변치 않는 하나님의 사랑 안에서 흔들리지 않는 구원의 확신은 적 의 공격으로부터 머리를 지켜 주며 용기를 내게 하는 투구와 같은 역할을 한다.

구원의 확신은 천국을 가는 그날까지 이 세상을 살아가는 강력한 소망의 푯대가 될 수 있다. 천국 소망이 있는 삶과 다만 이 세상만 바라보고 살아가는 것은 하늘과 땅과 같은 차이가 있다. 이 세상의 권력과 부도 구원의 소망과는 결코 바꿀 수 없다. 심지어 죽음도 구원의 소망과는 바꿀 수 없다. 이 투구는 적의 어떠한 공격도 막아 낼 수 있는 막강한 방어 수단이다.

검은 적군과 싸우는 공격의 수단이다. 하나님의 말씀은 성령 안에서 살아 운동력 있고 우리의 혼과 골수를 찔러 쪼개기까지 하는 두 날 선 검과 같다. 이 세상의 어떤 첨단 무기도 사단과 그 군대 앞에서는 무용지물이지만 주의 말씀을 의지하고 나가면 적군은 우리 앞에서 오합지졸이 되고 만다.

사무엘상 17장 47절

"또 여호와의 구원하심이 칼과 창에 있지 아니함을 이 무리로 알게 하리라 전쟁은 여호와께 속한 것인즉 그가 너희를 우리 손에 붙이시리라"

말씀을 의지하고 나아갈 때 다윗이 골리앗을 물리친 것과 같은 놀라운 승리를 경험할 수 있다.

새벽이 가까울수록 어둠은 더욱 깊어져 감과 같이 4차 산업혁명의 시대에 과학 문명은 고도로 발달하겠지만 극단적인 인본주의와 우상주의가 팽배한 가운데 영적 암흑은 더욱 깊어만 가며 마지막을 향해 급하게 흘러갈 것이다.

마지막 때의 그리스도인들은 더욱 특심을 갖고 깨어서 빛을 발하

며 땅끝까지 복음을 전하는 사명을 감당해야 하며 이를 위해 하나님
의 전신갑주를 입어야만 한다.

시대를 분별하는 통찰력을 갖고 대비하는 것은 주인이 언제 올지
모르는 가운데 깨어 있는 것과 같다.

모든 그리스도인은 슬기로운 다섯 처녀와 같이 기름 등불을 예비
하고 마지막이 가까워져 가는 이때를 살아가야 할 것이다.

마가복음 13장 32절

"그러나 그날과 그때는 아무도 모르나니 하늘에 있는 천사들도 아
들도 모르고 아버지만 아시느니라"

마가복음 13장 35~37절

"그러므로 깨어 있으라 집주인이 언제 올는지 혹 저물 때엘는지
밤중엘는지 닭 울 때엘는지 새벽엘는지 너희가 알지 못함이라 그가
홀연히 와서 너희의 자는 것을 보지 않도록 하라 깨어 있으라 내가
너희에게 하는 이 말이 모든 사람에게 하는 말이니라 하시니라"

에필로그

    인공 지능과 초연결로 대표되는 4차 산업혁명 시대는 과거의 인류가 경험해 본 적이 없는 과학 문명이 극도로 꽃피우는 시대이다.

    하늘 위를 돌고 있는 수만 개의 저궤도 위성을 통해 지구 어느 곳에서도 초고속 인터넷을 할 수 있는 시대가 오고 있고 1초당 113테라바이트(약 113조 바이트)의 데이터를 인터넷으로 주고받는다. 지금까지 이러한 데이터 범람의 시대를 살아 본 적이 없다.

    1초에 100경 번의 수학 계산이 가능한 슈퍼컴퓨터가 등장하여 어떤 복잡한 계산도 순식간에 처리할 수 있다.

    지금까지는 1, 2, 3차 산업혁명을 통해 삶의 편의성과 효율성을 추구해 왔다면 4차 산업혁명은 그 차원이 다르다. 사람의 두뇌를 초월하는 인공 지능과 인간을 닮은 로봇을 만들어 낼 수 있는 시대이고 사람이 하나님을 대신하여 새로운 능력을 창조하고 세상을 뜻대로 다스릴 수 있다고 생각할 수 있는 그런 시대이다.

    조만간 인공 지능이 인간의 능력을 추월하는 특이점(Singularity)이 찾아와 인공 지능이 사람을 지배할지 모른다고 사람들은 걱정하고 있다. 알파고를 생각하면 충분히 그럴 수 있을지도 모른다. 마치 공상 과학 영화에서나 보던 세상이 현실에서 실현되고 있다.

    과연 이 세상은 어디로 갈 것인가? 이 세상은 하나님이 창조하셨는데 인류는 4차 산업혁명으로 자신의 힘만으로 하나님 없이 유토피아를 건설할 수 있을까?

    과학 문명이 발달하고 인간의 우월성이 높아질수록 인간은 하나님께로부터 더욱 멀어져 가기 쉽다. 왜냐하면 사람들은 과학 기술의 만개가 하나님께로부터 온 것이고 하나님이 주신 능력 안에서 가능하다는 것을 잊어버리고 있기 때문이다.

예를 들어 가을에 밭에 배추씨를 뿌려서 심는다고 생각해 보자. 하루하루 배추가 자라 가는 것을 보면 신기하기만 하다. 시간이 지나면 배추씨는 토양의 양분과 물을 흡수하고 햇볕을 받으며 무럭무럭 자라고, 어느새 밭에는 싱싱한 배추가 가득하게 된다. 내가 한 일은 단지 밭을 고르고 물을 주고 돌본 것 외에는 없다. 내가 뿌린 씨는 내 의지와 상관없이 배추가 되어서 자란다. 배추씨가 자라서 호박이나 고구마가 될 수는 없다. 그것은 하나님의 창조 영역이다. 하나님이 기본적으로 배추씨가 자라서 배추가 되도록 창조하셨기 때문에 씨가 자라서 배추가 되고 나는 그 과정에 땀을 흘리며 참여했을 뿐이다. 하나님이 우리에게 선물로 주신 것을 노력해서 받은 것이다.

아무리 내가 노력한다 할지라도 이 세상의 모든 것이 하나님의 창조 영역 밖에서 일어나지 않는다.

뉴턴이 만유인력을 발견한 이후에 모든 물체는 중력의 영향 아래서 위에서 아래로 자유 낙하하며 아래에서 위로 올라갈 수는 없다는 법칙을 알게 되었다. 비행기가 날아오르듯 양력을 의지할 때만 중력을 이기고 위로 날아오를 수 있다. 이 양력도 속도가 빠른 곳이 느린 곳보다 압력이 낮고 압력은 높은 곳에서 낮은 곳으로 이동한다는 베르누이의 법칙에 의해서만 가능한 것이다.

모든 것이 하나님이 부여하신 법칙 안에서 한 치의 오차도 없이 운영되고 있다. 인간은 단지 그 법칙 안에서 새로운 기술을 발전시키고 응용할 수 있을 뿐이다.

기후 변화로 인해 바닷물의 온도가 $0.5\,^\circ$C만 상승해도 대기 순환에 영향을 미쳐서 기상 변화가 일어나 이상 기후인 엘니뇨와 라니냐의 원인이 되고 장마, 홍수, 가뭄 등의 재해로 나타나게 된다. 이는 지구라고 하는 시스템이 얼마나 정교하게 운영되고 있는지를 보여준다. 하나님께서는 지금도 이 세상을 한 치의 오차도 없이 정해진 틀을 벗어나지 못하도록 붙들고 계신 것이다.

아무리 첨단 과학 기술을 꽃피우는 4차 산업혁명의 시대라도 인간이 무에서 유를 창조해 낼 수는 없다. 4차 산업혁명은 하나님이 주신 창조의 영역 안에서 가능하다. 인공 지능도 인간의 뇌 신경망 메커니즘을 모방하기 시작하면서 급격하게 발달하기 시작하였다. 산업의 쌀이라고 불리는 실리콘 반도체도 기본적인 물성을 하나님께서 부여해 주시지 않았다면 슈퍼컴퓨터도 발전하지 못했을 것이다.

예수님께서는 마가복음 12장에서 어떤 사람이 포도원을 만들고 산울로 두르고 구유와 망대를 짓고 농부들에게 세로 주었는데 때가 이르러 소출 얼마를 받기 위해 종들을 보내고 마지막에 그 아들을 보냈는데 농부들이 종들을 때리고 죽이고 마지막에는 아들마저 죽였다는 예화를 말씀하셨다.

농부들은 포도원을 만들어 먹고살 수 있는 근본을 제공한 주인에게 감사하며 마땅히 세를 바쳐야 할 본분을 잊고 심지어는 주인의 아들을 죽여서 포도원을 자신들의 것으로 만들려는 생각을 하였다.

하나님께서는 4차 산업혁명을 꽃피워 눈부신 문명의 발달을 이룰 수 있는 기회를 인류에게 주셨으나 농부들이 포도원을 자신들의 것이라고 생각한 것처럼 이러한 능력과 기회를 주신 하나님께 감사하기보다는 모든 것이 오직 자신들의 노력과 결과이고 자신들이 중심이라는 생각이 세상 가운데 자리 잡고 있음은 부인할 수 없다.

그러면 과학 기술이 발달할수록 앞으로의 세상은 인류의 모든 난제를 해결하면서 더욱 밝아질까, 아니면 영적 암흑 속에서 더욱 암울해져 갈까?

농부들은 포도원 주인을 대적하였지만 심판의 열쇠는 주인이 갖고 있었듯이 하나님의 주권을 인류가 인정하지 않는다면 과학 기술의 고도의 발달은 필연적으로 마지막 심판의 때를 촉진하는 불행한 결말이 될 수밖에 없다.

과학 기술이 발달할수록 인간은 자신이 창조주의 영역에 들어와 있다고 착각할 수 있고 인류는 더욱 하나님과 대척점에 서 있게 되어 마지막에는 적그리스도를 중심으로 하나님께 도전하는 극한 상황으로 나갈 수밖에 없는 필연적인 상황이다.

그리스도인은 창세부터 그리스도의 재림까지 하나님께서 계획하시고 이루어 가시는 인류 구원 역사의 큰 흐름을 말씀 안에서 분별하고 이 시대를 헤아리는 분별력을 가져야 한다.

사람이 들에서 먼 산을 바라보고 걸어가면 곧은길로 나아갈 수 없지만, 저 앞에 서 있는 나무를 바라보고 걸어가면 자세가 흐트러지지 않고 곧게 걸어갈 수 있다.

이 나무는 바로 예수 그리스도이시다. 다시 오실 예수님을 바라보면 이 마지막 때를 분별할 수 있는 지혜를 주님은 우리에게 주신다. 예수님은 곧 말씀이시고 우리 안에 거하시는 성령이다. 늘 말씀 안에 깨어 있고 성령님의 음성을 들을 수 있는 영적인 민감한 분별력을 가져야 한다.

아무쪼록 이 책을 읽는 독자들이 성령 안에서 마지막 때를 분별하고 대비하며 성령 등불을 예비하는 삶을 살아가기를 기원한다.

4차 산업혁명의 파괴적 혁신과 성경적 이해

1판 1쇄 발행　2022년 8월 10일

저자　최정길

교정 주현강　**편집** 김다인
마케팅 박가영　**총괄** 신선미

펴낸곳 하움출판사　**펴낸이** 문현광

이메일　haum1000@naver.com　**홈페이지**　haum.kr
블로그　blog.naver.com/haum1000　**인스타그램**　@haum1007

ISBN 979-11-6440-199-4(03230)